Palabra de VELASCO

LUCAS MARINELLI

Palabra de Velasco / Lucas Marinelli .1ª edición
LIBROFUTBOL.com, 2022.

224 páginas; 15,2 x 22,9 cm.

ISBN 978-987-8370-99-6

1. Fútbol.
CDD 796.334092

Palabra de Velasco
de Lucas Marinelli

Cubierta: Luciano Medvetkin	Foto del autor: © Lucas Marinelli
© 2022– © Lucas Marinelli © 2022– LIBROFUTBOL.com	Todos los derechos reservados

ISBN 978-987-8370-99-6	1ª edición: septiembre 2022

 ediciones@librofutbol.com

 +54 9 11 2215 1982

librofutbol

Olga Cossettini 1112 - oficina 8F - Ciudad de Buenos Aires - Argentina

ÍNDICE

INTRODUCCIÓN

En el ámbito deportivo, pocos protagonistas alcanzan un reconocimiento tal que les permite ser una referencia en prácticamente cualquier punto relacionado. Uno de ellos es Julio Velasco, que ha trascendido el vóley para convertirse en una palabra autorizada sobre el liderazgo, la gestión de un grupo o la relevancia de definir un método. Buscado por Pep Guardiola para aprender secretos de lo que representa ser director técnico, el exentrenador de los seleccionados de Italia y Argentina, entre otros, se ha ganado ese reconocimiento por la calidad de sus reflexiones y su capacidad para definir conceptos.

Preciso como un armador para describir el proceso de aprendizaje, determinado como un opuesto para atacar a quienes solo valoran al campeón y desprecian los segundos puestos, y sagaz como un líbero para defender la importancia de los sistemas de juego, el platense ha contribuido a desarrollar el conocimiento de profesionales y el público en general. Entre entrevistas y charlas, por las que es muy famoso en su "tierra adoptiva", se ha erigido como un sabio por su habilidad para exponer sus ideas y desgranar distintos aspectos.

A través de frases, este libro repasa su visión de ocho temas centrales en el deporte. Pero el recorrido no solo se limita a estas disciplinas, sino que las conclusiones que se desprenden -explícitas o implícitas- también pueden ser aplicadas y utilizadas en otros terrenos.

CAPÍTULO 1

LIDERAZGO

En muchos sentidos, en la calidad del liderazgo de un entrenador reside una parte importante de su aptitud para la función, dadas las diversas facetas en las que influye en su trabajo. Independientemente del estilo de conducción, ser un buen líder es el primer punto a cumplir para ganarse la credibilidad del grupo o del deportista en particular (en las disciplinas individuales). Porque para poder plasmar sus ideas y que sean ejecutadas, el director técnico debe convencer y seducir -inicialmente-, guiar y motivar, y comprender y acompañar.

Sobre la importancia del *staff* (para tener especialistas y poder delegar), lo fundamental es el conocimiento específico y cómo potenciar desde el discurso. Velasco tiene conocimientos más que avalados por su experiencia y su trayectoria. A lo largo de su carrera también ha dado claves para tener éxito en este rubro, como cuál es la mejor manera para llevar la relación con un atleta y sus similitudes con otros vínculos cotidianos.

"Lo primero que debe tener (un buen líder) es seguridad. Si dice 'Vamos para allá', lo debe decir de modo seguro, aunque no lo esté. O sea: que esté seguro, y las veces que no está seguro, porque uno no está siempre seguro de todo, que sus dirigidos no se den cuenta. Después, lógico, debe saber de lo que habla. Porque si no, es un líder de cartón y los jugadores le sacan la ficha enseguida. Si vos sos un tipo seguro y sabés de lo que hablás, ya tenés buena parte del trabajo hecho".

En El Gráfico.

"Hay una delegación que se hace con los colaboradores, que yo la hago muy grande. Mis colaboradores no alcanzan pelotas: entrenan conmigo y cada uno tiene su rol. Ahí delego mucho. Controlo todo, pero delego mucho. Con los jugadores, una cosa es pedir opinión. Es más: yo les insisto en que participen. Ellos tienen que saber por qué hacen las cosas, y no solamente hacerlas. Pero en la parte de la decisión, no. Esa parte es del director técnico. Si se supera esa línea, que es la línea de la decisión, ahí puede empezar a venir el caos. Si se va más allá, a pedir opinión, que participen, que colaboren y que sean parte activa, por ahí después el equipo no hace lo que pide el entrenador porque en el vestuario o en el bar hablan igual y tienen su opinión.

"La clave es cómo convenzo. Por eso un entrenador tiene que saber. No es solamente tener carisma, hay que saber mucho".

La clave es cómo los convenzo. Por eso un entrenador tiene que saber. No es solamente tener carisma, hay que saber mucho. De fútbol, de vóley o de básquet, hay que saber. Y saber no es saber en general. No son frases hechas sacadas de un libro o de un curso que hice con otro entrenador. Hay que saber los detalles, para decirle al jugador que si se mueve de esta manera va a funcionar. Cuando el tipo lo hace y funciona, dice: 'Uh, funciona. Lo voy a escuchar a este tipo'. Ahí es donde uno los convence. Y si no los convence y hay un grupo importante que piensa que hay que hacerlo de otra manera, ahí hay que marcar la cancha. Ahí viene la parte del líder que no es delegar. Porque si no marco la cancha y digo 'No, no. De acá para acá decido yo', no es una cuestión de que pierdo autoridad y mi orgullo: es que a veces nos olvidamos de que el jugador es un joven.

"Hay que saber los detalles, para decirle al jugador que si se mueve de esta manera va a funcionar. Cuando el tipo lo hace y funciona, dice: 'Uh, funciona. Lo voy a escuchar a este tipo'".

No solamente es un joven, en general es un adolescente por más de que tenga 30 años. ¿Por qué? Porque tiene todas las características de los adolescentes: vive entre gente de su misma edad;

hace una actividad que es un juego, aunque sea profesional y la misma que hacía cuando era chico; tiene un papá y una mamá, que son el presidente de un club, el entrenador y el director deportivo, y entonces funciona mucho como adolescente. Y cuando a un adolescente uno le da excesivos poderes de decisión, después se siente inseguro. El adolescente protesta porque el papá decide, y protesta porque el profesor o el entrenador decide, pero después, cuando decide, se queda tranquilo porque tiene a quién echarle la culpa. Y uno tiene que asumir esa responsabilidad: 'Bueno, decido yo y la culpa será mía. Vos jugá tranquilo'. Si tienen que decidir ellos, después les pesa mucho a la hora de jugar, porque saben que no tienen escapatoria y se va a saber que decidieron ellos".

En *Estudio Fútbol*, **TyC Sports.**

"Está mucho en la gente que no ha hecho deporte, la idea de que el entrenador que los jugadores escuchan es el que tiene personalidad fuerte. Y los jugadores, todos hemos jugado, si ven que el entrenador no sabe, por más personalidad que tenga... Por ahí se hacen medio 'amigotes', pero no lo respetan como entrenador. Ellos tienen que ver no solamente que sabe, sino que lo que sabe es útil. O sea, que lo que les dice les sirve".

En *Entrenadores*, **DeporTV.**

"Con el jugador hay que ser, antes que nada, auténtico y sincero. Yo no soy franela ni con mis hijos, esa cosa de hacerse el compinche no me va. Me suena a los padres que se quieren quedar en la fiesta de 15 de la hija y bailar rock. Me hice amigo de jugadores, pero después de dirigirlos. A las manos no llegué nunca, pero sí discutí fuerte. Intento tener una relación más de maestro, porque les explico y los ayudo, pero a veces es necesario marcar la cancha y poner un límite. Como con los hijos. Ahora, jamás insulté a un jugador y no voy a permitir que uno me insulte".

En *El Gráfico.*

"Continuamente trato de buscar las palabras más simples para explicar las cosas. Como dice (Johan) Cruyff, 'jugar simple es la cosa más difícil del mundo'; explicar con conceptos breves y claros es mucho más difícil. El jugador joven no quiere esperar mucho tiempo. Yo también: cuando prendo la computadora y no se enciende enseguida porque está recabando datos, ya me pongo nervioso. Lo quiero instantáneo".

En *99% La disciplina del éxito,* **LA NACIÓN.**

"En los tiempos muertos es más fácil (estar tranquilo), porque tengo que hacer algo, que es dar indicaciones, y les llego mejor si hablo tranquilo. Me cuesta más en el transcurso de los puntos. Pero ahí actúo más, porque el entrenador tiene que ser un poco actor también. O sea: tenemos que hacer lo que creemos que es mejor para el equipo".

En *El Gráfico.*

"Yo doy bastantes charlas de liderazgo en Italia y doy algunos puntos que para mí son muy importantes, porque hay de todo escrito sobre esto. Yo lo que aconsejo es, primero que nada, ser uno mismo. No inventar, no querer ser una cosa que uno no es. Porque ahí los grupos siempre actúan en modo despiadado. Si el que se presenta como líder no es creíble, lo matan. Como hacíamos nosotros en el colegio con un profesor que quería aparentar lo que no era, ¿no? Eso es peligroso. Cuando uno no sabe, es mejor decir 'No sé'. No hay que hacerse el duro si uno no lo es, o hacerse el simpático si uno es duro. O sea, hay que ser como uno es. La gente reconoce eso, que uno es como es, y lo acepta. Ya es un primer modo para ser aceptado, que es la primera cosa que uno tiene que lograr si quiere guiar. Y la segunda, entre tantas características del líder, es que uno tiene que saber mucho de lo que uno habla, si quiere guiar a la gente. Porque, ahí, la gente lo primero que piensa es: '¿Este la sabe en serio o habla en

general?'. Una cosa es hablar en general, si uno lee. Yo siempre les digo a los empresarios que si les doy diez libros de vóley y les hago hacer un curso de cuatro fines de semana, hablan de vóley como yo. No es tan difícil, no es que es una ciencia dificilísima. Ahora, saber de vóley es otra cosa. Como de todos los deportes. El líder tiene que saber en serio.

"El líder tiene que saber en serio, pero también es muy importante cómo lo explica. Hay que lograr explicarlo de un modo que te entiendan rápido y fácil, pasando toda la información al lenguaje de quienes reciben el mensaje".

Yo me acuerdo siempre de una frase de Borges, que me parece extraordinaria, que dice: 'La cultura es aquello que a uno le queda después de que uno se olvidó de toda la información'. O sea, la información uno la mete adentro, pero después la recicla en el propio sistema. Queda, y uno ya no se acuerda de dónde la sacó porque pasó a ser propia. Saber de algo es cuando ya es propio. No es que yo digo lo que leí o frases generales, exhortaciones del tipo 'Juguemos juntos' o 'No hay que ser egoístas'. No, no. Saber, de televisión, de vóley o de lo que sea, es conocer la cosa. Uno se da cuenta enseguida cuando el otro sabe. Detectar rápidamente lo que pasa en un partido es una parte, pero también es muy importante cómo lo explicás. Hay que lograr explicarlo de un modo que te entiendan rápido y fácil, pasando toda la información, que por ahí se tuvo en modo teórico, al lenguaje de quienes reciben el mensaje. Yo no les hablo a mis jugadores en lenguaje intelectual, aunque tenga una formación intelectual. Porque son jugadores. Entonces, tengo que transformar ese conocimiento a un modo en el que a ellos les llegue absolutamente directo".

En *Animales sueltos,* **América.**

"La primera clave para liderar un grupo es ser auténtico: no querer ser lo que uno no es, no tener posturas imitando a otros grandes líderes o entrenadores y ser uno. Los grupos respetan la autenticidad y destruyen al que no es auténtico, le buscan la pelea. La segunda, si se quiere liderar, que significa guiar y no andar, es que hay que saber mucho de lo que se pretender liderar. Saber en concreto, específico, no con frases que se dicen de un libro tal cual y que el grupo lo ve como que está leyendo. Y cuando uno no sabe, hay que decir que uno no sabe. No hay ningún problema. Los staffs han crecido en el deporte, por la conciencia de los entrenadores de que no sabemos todo; entonces, traemos especialistas que sepan. La tercera, que no es importante lo que nosotros decimos: es importante lo que llega. Si sabemos 100 y llega 20, vale 20. Los otros 80 valen cero. Por ahí otro sabe 50, pero si llegan 30, sabe más que nosotros. En este rol es así. Si después se quiere escribir un libro, por ahí el que sabe 100 vale más. Pero cuando hay que guiar personas se trata de cómo hacer para llegar. Creo que todos los que hacemos este tipo

de trabajo, estamos constantemente investigando cómo llegar. Cómo llegar a ellos, cómo convencerlos, cómo movilizarlos, cómo motivarlos y cómo explicarles. Si no lo hacen, es nuestro problema.

"Las claves para liderar son tres: ser auténtico; saber mucho de lo que se pretende liderar, y que no es importante lo que se dice, sino lo que llega".

Por último, algo muy importante. Diría que podemos criticar, y hay que criticar, pero no juzgar. Sobre todo a los jóvenes. El juicio lleva a la inmovilidad, porque para ese jugador uno va a ser así y no va a cambiar su opinión. En cambio, la crítica es sobre una cosa concreta. Sería 'Esto lo hiciste mal', y no 'Vos hacés las cosas mal'. Si es 'Esto lo hiciste mal, hacelo bien porque vos podés', ese 'porque vos podés' hace la diferencia: te critico porque lo hiciste mal, pero hacelo bien porque vos podés. Y si no se agrega ese 'vos podés', que no es en la frase, sino en todo el comportamiento, el otro se pone a la defensiva y se bloquea. Todos nos bloqueamos en algo. Yo siempre lo cuento: yo me bloqueo con la computadora, porque me siento un idiota cuando se me bloquea. Pero ¿por qué me siento un idiota? Si no es para tanto, y sin embargo me siento un idiota. Entonces, siempre pienso que no tengo que crear eso. No tengo que hacerlos sentir estúpidos. Acá no se trata de mostrar que yo sé más, sino que se trata de que ellos hagan las cosas bien. Toda mi función es que ellos hagan las cosas bien. Un entrenador es su equipo, *no es otra cosa que su equipo. Si no, que se dedique a dar conferencias, algo que haré alguna vez cuando me canse de entrenar. Pero cuando tengo un equipo, yo soy mi equipo. En el bien y en el mal".*

En *99% La disciplina del éxito, LA NACIÓN.*

"Yo no pensaba entrenar, nunca pensé en entrenar. Después tuve que empezar a entrenar porque me quedé sin trabajo. Y, bueno, hice el curso de entrenadores, entre otras cosas, y así empecé.

Cada año me daban una oportunidad mejor, siempre con chicos. El primer equipo que entrené fue una cuarta de ascenso, que siempre digo que menos mal que los jugadores de ese equipo no fueron nunca a Italia, porque ahí hice todos los errores que hoy digo que no hay que hacer. En los cursos digo 'No hagan esto', pero ahí los hice todos. La del exjugador que cuando las cosas no van dice '¡Noooo!', con este tono, como diciendo '¡Qué salames que son! Esto no se hace así, se hace así'. Entonces, claro, a los pibes los humillaba, digamos. Yo tenía que hacerlos sentir a ellos fuertes, no mostrar que yo era mejor. Al año siguiente me ofrecen los mini de GEBA, de diez o 12 años. Entonces, con chicos de diez años no podés ser así, tenés que ser una bestia. Y ahí empecé la cosa de la didáctica, de cómo llegar. Trabajé mucho sobre eso, y ahí entendí que no importa lo que nosotros decimos. No tiene ninguna importancia: todo es lo que al otro le llega. Y si no le llega, nos tenemos que preguntar: '¿Qué es lo que puedo hacer para que llegue?'.

"Esa pregunta de cómo llegar es un tema fundamental. A los entrenadores jóvenes muchas veces les digo: 'No confundan tener información con saber. No es que vos no sabés hablar, es que vos todavía esa información no la integraste a tu sistema'".

Yo mezclo cosas de la experiencia con mi mamá, cuando me decía por quinta vez una cosa y me entraba por un oído y me salía por el otro, de los profesores que tuve y de los libros que he leído. O sea, cómo llegar, cómo le hablo a un pibe, cómo le hablo a un jugador, cómo le hablo a un jugador extranjero. Si uso palabras difíciles cuando sé que los pibes por ahí no las usan y les molesta, si por ahí me pongo en el rol de profesor y después me lamento porque me tratan como el profesor de castellano, pero yo me puse en profesor de castellano. Esa pregunta de cómo llegar es un tema fundamental. A los entrenadores jóvenes muchas veces les digo: 'No confundan tener información con saber'. Porque a veces dicen: 'No, yo lo sé. Pero no lo sé decir'. Les respondo: 'No es que vos no sabés hablar, es que vos todavía esa información no la integraste a tu sistema. No pasó a ser tuya, es del otro que vos la leíste. Para poder decirla, la tenés que integrar a tu sistema, a tu modo de razonar, a tu modo de hablar, a usar el mismo

concepto con otras palabras de las que están escritas'. Eso es saber. Y, a su vez, en la parte práctica, ¿no?

"Cuando uno logra hablarle al jugador de la situación concreta y explicarle la técnica general de un modo que entienda, la cosa a veces funciona. A veces, porque la clave es que el problema pase a ser de él".

Ustedes (por Sergio Hernández, entrenador de básquet) quizá no tienen tanto ese problema, como no lo tiene el fútbol, pero el vóley es un deporte bastante repetitivo y que ha tenido una escuela muy de profesor de educación física y poco de juego. Esto ha cambiado en los últimos 20 años. Tiende a hablar de situaciones abstractas y no de la situación que se presenta en ese momento del juego. Supongamos. Para recibir un saque hay que desplazarse y ponerse atrás de la pelota. Bien, estamos todos de acuerdo en eso. Y cuando no lo logro, ¿qué hago? No hay respuesta. O no había: hay técnicas, que no son de base, que resuelven esa situación. En cambio, a veces se usa la palabra recurso. Está la técnica y están los recursos, como diciendo: 'Yo aprendo la técnica y el recurso lo traigo de la calle'. En el fútbol se usa mucho este concepto. No: son técnicas de juego, la técnica que corresponde a la situación que se me presenta. Porque si él me saca bien, de repente no puedo ponerme atrás. ¿Y cómo recibo? De otra manera, con otra biomecánica. Cuando uno logra sumar estas cosas, hablarle al jugador de la situación concreta, explicarle la técnica general y decírselo de un modo que

> *entienda, la cosa a veces funciona. A veces, porque la clave es que el problema pase a ser de él. Ahí está la clave".*

En *Entrenadores,* **DeporTV.**

"El liderazgo es útil para nuestro trabajo, para los que deben conducir a las personas y para todos. También para los hijos. Existen muchos tipos de liderazgo, y me gusta empezar diciendo que un líder, ante todo, debe ser él mismo. Lo que no funciona seguro, sobre todo con los jóvenes y en general, es ser lo que uno no es. Porque los otros se dan cuenta enseguida: comienzan a rascar y si ven que debajo no hay sustancia, se ríen por atrás, te masacran o ambas. No funciona un líder que se propone como líder, y después resulta que no hay nada detrás y es solo apariencia. No es que el líder deba ser un duro siempre. Hay quienes lo son, y yo generalmente soy bastante duro, por ejemplo, con el equipo. No soy un líder suave. Pero conozco grandísimos entrenadores que no son así, pero son ellos mismos. Tienen otro modo de acercarse a los jugadores, etcétera, que les da los mismos resultados. Pero deben ser ellos mismos.

"Existen muchos tipos de liderazgo, y me gusta empezar diciendo que un líder, ante todo, debe ser él mismo".

Una segunda característica del líder es que debe estar capacitado. Dicho en pocas palabras, debe saber mucho de lo que habla. ¿Qué significa saber mucho? Significa saber los detalles, no hablar con esquemas prefabricados. Porque los otros también se dan cuenta de esto. Si a mí me dan una hora, puedo ir a una habitación con material y después hablar de cualquier cosa. Porque sé hablar y puedo hablar de economía, de sus empresas, si me dan una hora. Pero los demás se van a dar cuenta enseguida de que no estoy capacitado, de que no sé. Porque puedo hablar con un esquema, desarrollar, pero saber es otra cosa. Cuando uno sabe, no tiene miedo de que le hagan una pregunta y no tiene problemas en discutir sobre algo. No busca reducir toda la situación al esquema prefabricado: se abre a las diversas situaciones porque el tema lo conoce bien. Ahora, si no lo conocemos bien, tenemos que estudiar. Y escuchar a los demás que tal vez tengan más experiencias. Que quizás estén debajo en jerarquía, pero tienen experiencia. (...) Porque cuando uno le dice a un jugador 'Hacé así', él lo hace y funciona, piensa: 'Ah, pero a él lo escucho'. Si yo le digo 'Tenés que jugar bien', 'No falles' y todas cosas generales, cuando él erra —no entro en cuestiones particulares porque no las sé —, de por qué erra en esa situación y cuáles pueden ser los motivos, siente que no soy capaz y que no conozco bien el tema.

"El líder debe estar capacitado. Si al jugador le digo 'Tenés que jugar bien', 'No falles' y todas estas cosas generales, cuando él erra —no entro en cuestiones particulares porque no las sé—, siente que no soy capaz".

La tercera característica del líder, que para mí es importantísima, es ser justo. Pensemos en esos profesores que teníamos en el colegio. Estaban esos profesores duros, exigentes, que eran así con todos. Se hablaba por atrás, pero sin odio. Y estaban los injustos, de los que se hablaba con odio porque eran injustos. Entonces, a los ojos del equipo, nosotros debemos ser y parecer justos. Ser y parecer. ¿Por qué digo parecer justos? Porque, por ejemplo, me pasó que un año un jugador me pidió un permiso y se lo di, porque en ese momento no era un problema para el equipo. Dos años después, otro jugador me pidió un permiso similar. En ese momento para mí era un problema y, simplemente, le dije que no, sin acordarme que dos años atrás le había dicho que sí al otro jugador. Pero él sí se acuerda bien que al otro le dije que sí. Si las circunstancias cambiaron, yo me tengo que acordar y decirle: 'Desafortunadamente, debo decirte que no porque estamos en estas condiciones. Sé que dos años antes al otro le dije que sí, perdón. Pero hoy estamos en esta situación completamente distinta'. Si yo no me acuerdo es porque veo todo de mi lado del mostrador. (...) Entonces, nosotros debemos pensar estas cosas, recordar estas cosas, porque nos van a suceder, y cuando somos jefes o líderes de una organización, no les damos mucha importancia. Y esto tiene una grandísima importancia en el otro, que reconozca nuestro modo de gestionar.

"La tercera característica del líder, que para mí es importantísima, es ser justo. Entonces, a los ojos del equipo, nosotros debemos ser y parecer justos".

La cuarta característica de un líder, que para mí es importantísima, es combinar una gran exigencia en ciertas cosas, donde somos un elemento de motivación porque somos los que controlamos, los que pedimos y los que pretendemos, etcétera, con ayudar con problemas. Quinto está el famoso sentido de pertenencia, que a las empresas y a los clubes les preocupa hoy en día. El sentido de pertenencia nace por cuestiones afectivas, no técnicas. No es por la cantidad de tiempo que estoy en un lugar, sino que es afectiva. Por lo tanto, con las personas que manejamos también debemos crear situaciones afectivas que sean compatibles con las situaciones de gran exigencia. ¿Cuánto de una cosa y cuánto de otra? Solo lo necesario. Si soy demasiado afectivo y no hay suficiente exigencia, se generan esas situaciones donde hay demasiada confianza y no se rinde al máximo. Pero si no hay afectividad en algunas cosas, no hay sentido de pertenencia y no se da el máximo. Y por afectividad quiero decir pequeñas cosas.

"La cuarta característica es combinar una gran exigencia en ciertas cosas con ayudar con problemas. Quinto está el famoso sentido de pertenencia, que nace por cuestiones afectivas y no técnicas".

Cuando fui director general de la Lazio, recuerdo que había dos hermanos que eran utileros y trabajaban mucho. Yo hice dos cosas. Como los vestuarios eran un asco, con todo tirado en el piso, le dije al equipo que íbamos a meter cestos porque no quería nada en el piso, que estaba la gente que cobraba 1.000 euros al mes que debía hacer ese trabajo y teníamos que crear buenas condiciones. Pusieron cestos muy chicos, y los jugadores tiraban y no entraba. Llamé al entrenador y le dije: 'No, así de grandes deben ser. Porque si queda la mínima cosa afuera, entonces yo me enojo como una bestia porque no tienen excusas'. Cuando los utileros llegaron a los vestuarios y vieron todo así, no lo podían creer. Y tuve una discusión cuando ganamos la Copa UEFA, porque hicieron una copita solo para los jugadores, el cuerpo técnico y yo. Yo dije: 'Hagamos para todos. Para todos'. Tuve que discutir, tuve que imponer mi condición de director general, porque se negaban a gastar, no sé, 500 euros. Para un jugador que ganó tanto, esa copita la mete entre tantos miles de trofeos. Pero un trabajador, uno de los otros, lleva esa copa al bar de su barrio y dice: 'Yo gané la Copa UEFA. Yo soy parte'. Hay varios clubes que hacen eso. Cuando ganan algo, estoy seguro de que Milan e Inter les pagan un sueldo más a todos los empleados del club. Esto es parte de crear el espíritu de equipo, pero también de mirar las cosas desde el lado del otro y no solo de mi parte. Esto crea, estas cosas afectivas, sentido de pertenencia. Como preguntarle cómo está la mujer a alguno que viene a trabajar que yo supe que tiene mal a su mujer. Quizá no puedo darle el día libre, y quizá no puedo dejarlo irse una hora antes. Pero si puedo, lo dejo irse una hora antes. Porque esa persona a la que, sin que me lo pida, le digo que la ayudo y que se vaya a la casa, la próxima vez dejará todo por la empresa, por mí y por el equipo. Y cuando le pida que se quede media hora porque estoy en dificultad, lo va a hacer con gusto.

"A veces, preocuparse, ocuparse del otro, incluso si no le doy lo que él pretende, crea esta unión fortísima entre líder y grupo, entre líder y jugador, que permite funcionar bien también en momentos de gran dificultad".

Qué sucede a veces cuando muchos jugadores de fútbol reciben críticas. 'Después se van por la plata', dicen. Pero ¿qué pasó antes? ¿Qué cosa hubo primero? ¿Por qué antes había cariño? Quizá por eso el jugador se comporta así. Porque mientras juega bien está todo bien, pero cuando juega mal es un número y no una persona. No digo que se deba renovarle el contrato en reconocimiento. Esto no, porque al equipo hay que hacerlo lo más fuerte posible. Pero, a veces, preocuparse, ocuparse del otro, incluso si no le doy lo que él pretende, crea esta unión fortísima entre líder y grupo, entre líder y jugador, que permite funcionar bien también en momentos de gran dificultad".

En una charla en Italia.

"Que no llegue el mensaje es para un entrenador, lo que para un jugador es que no le salga la jugada. Es nuestra tarea. Nosotros no hacemos nada. Nosotros no hacemos, en el sentido más específico de la palabra: nosotros hacemos hacer. Nosotros convencemos a los jugadores de que hagan. Nosotros no hacemos nada, son ellos los

que hacen todo. Ahora, nuestra tarea es convencerlos y llegarles. Lo que nosotros decimos no tiene ninguna importancia, ninguna. Yo les digo a los entrenadores: 'Si vos me decís 'Yo le dije, yo le dije' y no lo hace, es una admisión de culpabilidad. O sea, no tiene ninguna importancia lo que vos le dijiste: lo importante es lo que a él le llegó. Si no llegó de esta manera, buscá de otra'.

"Nosotros no hacemos: nosotros hacemos hacer. No tiene ninguna importancia lo que nosotros decimos: lo importante es lo que a ellos les llega".

Yo uso un poco la metáfora de la seducción, digo que hay que seducir a los jugadores. ¿En qué sentido? Cuando yo tenía 18, 20 años, si uno era Brad Pitt no tenía problema: llegaba al boliche, se paraba ahí y las pibas llegaban. Ahora, como un mortal había que laburar. Si no, no tenías con quién salir. A mí me gustaba la chica del colegio, la más linda, y no era de los de más éxito. Entonces, pensaba: '¿Qué le propongo? ¿Vamos a ver un partido de vóley?'. Ahora, la pensaba cinco veces y decía: 'Por ahí le propongo de ir a ver vóley y me mira como un tarado y responde '¿Cómo me invitás a ver un partido de vóley? ¿Por qué no me invitás a cenar o a una exposición de cuadros?'. Entonces, uno te pasa el dato y te dice que le gusta el arte. Y si a mí no, no me importa nada: la invito a una exposición de arte porque quiero que salga conmigo. La seducción pasa por estar atento a lo que le gusta al otro. Y tenés que convencerlos a los jugadores. ¿No va de esta manera? Buscá de otra. Hasta que le vas a encontrar la tecla, porque todos tienen una tecla".

En *Basta de todo*, **Radio Metro.**

"Yo considero líder a una persona que puede guiar a los demás. El líder tirano es más jefe que líder. Por eso digo guiar. El jefe puede ser un líder, pero puede ser solo un jefe que te ordena. Vos sos un empleado y no podés desobedecer, lo hacés porque es el jefe. Si no, te echa. El líder te guía, te convence. Te dice 'Vamos por acá porque es mejor', y vos le creés que es mejor. Ese es el líder. La gente le cree que es el camino mejor. Eso se aprende y también viene innato, como en todo".

En *Animales sueltos*, **América.**

"El poder a veces está presente sin autoritarismo. O sea, la cosa donde yo veo nada más la parte mía, que soy el que dirijo, y no estoy atento a lo que me viene del otro. Porque esa es la clave: qué es lo que me viene del otro. Pero, claro, hay veces que tengo que marcar el territorio, porque por ahí hay un entrenador que me está escuchando y dice 'Ah, bueno'. Hay veces que hay que

marcar el territorio. Es decir: si pasás de esto, te corto el pie. La cosa de escuchar creo que es más que importante. El tema de escuchar a la propia pareja, de escuchar la opinión del que piensa diferente. A nosotros nos gusta escuchar mucho al que piensa igual. Y uno no aprende nada escuchando al que piensa igual. Incluso escuchar para ganar, no escuchar por una cosa de valor molar absoluto. No, no. Si yo quiero lograr algo con el equipo, tengo que escuchar para convencer".

En *Entrenadores*, **DeporTV.**

"(Diego) Maradona es el deportista argentino con mayor poder de liderazgo en la historia. Porque era un líder increíble. No se conoce un compañero que haya hablado mal de él. Maradona era uno que, sí, tenía sus problemas en la vida, como todos o como pocos, pero él por los compañeros daba todo. Jamás criticó a un compañero porque le pasó mal una pelota. Uno lo dice y parece una cosa simple. Uno como Maradona que nunca criticó a un compañero porque le pasó mal la pelota, nunca hizo un gesto como diciendo: 'Eh, vos sos un burro'. Nunca. Esto es liderazgo puro. Además de que los agarraba antes de los partidos uno por uno, y eso se ve en lo filmado, y les decía: 'Les vamos a ganar. Les vamos a ganar'. Esa convicción que tenía era una fuerza de la realeza, de un liderazgo impresionante. Para mí, las virtudes futbolísticas están fuera de discusión. Lo que hacía con

la pelota, hablar de eso es banal y lo saben todos. Pero además de lo que él jugaba, era este liderazgo extraordinario que ha tenido como jugador. Era jugarse siempre. Aun equivocándose, pero sin cálculos. Él dice lo que piensa, pero cuando jugaba era un líder extraordinario".

En *Súper deportivo radio*, **FM 97.9.**

"Delegar es fundamental, porque cuando uno empieza a saber más se da cuenta de que no puede abarcar todo. Entonces, se trata de tener colaboradores válidos y dejarlos que hagan. Es fundamental dejarlos que hagan. Que se equivoquen, porque uno también se equivoca y de esa manera uno rinde más. Porque ahí también es un juego de equipo. A veces los entrenadores hablamos de juego de equipo para los jugadores, pero después nosotros no queremos hacer juego de equipo y jugamos solos. Hay que tener un equipo que dirija al equipo. Y aceptar, además, los roles distintos: porque el presidente tiene un rol; el mánager tiene un rol; mis colaboradores tienen otro, y los jugadores, otro. El equipo se basa mucho en el reconocimiento de los roles y en cómo interactúan los roles entre sí. Eso es propio de la identidad de un equipo".

En *Animales sueltos*, **América.**

"Te condiciona (el afecto con los jugadores). El problema es difícil, porque uno tiene que manejar el afecto y, por otro lado, la exigencia. Tiene que dar afecto, pero tiene que exigir. Y es muy difícil. Es muy difícil exigir siempre con afecto. Hay veces que hay que exigir con dureza. Depende. Hay veces que uno a un jugador le dice: 'Vos podés ser mejor, pero tenés que cambiar esto. Tenés que corregir esto. Vamos a trabajarlo juntos. Vamos que podés'. El 'Vamos que podés' a un joven lo estimula mucho. Yo creo que a los jóvenes en general a veces no les gusta la crítica, pero si viene bien hecha, digamos, la acepta. Lo que no acepta es el juicio. Y no es lo mismo criticar que juzgar. Por ejemplo, un jugador llega tarde y entonces uno le dice: 'Llegaste tarde. Está mal que llegues tarde'. Después le puede poner multa, pero yo no uso las multas. Y agrega: 'No tenés que llegar tarde. Es una falta de respeto a los compañeros'. Punto. Otra es: 'Sos siempre el mismo, otra vez llegaste tarde'. Ya está, se pone la etiqueta y listo. El tipo va a seguir llegando tarde. 'Ya está, a mí me puso la etiqueta y soy el que llega tarde', piensa. No. Es: 'Vos podés no llegar tarde. ¿Por qué llegás tarde? Hacé un esfuerzo. Vos podés'. El 'Vos podés' es fundamental. Si un jugador no siente que el entrenador le dice 'Vos podés', sino que lo juzga, está muerto. Eso también les pasa a los hijos con los padres. Les pasa a los alumnos con los profesores. Yo me acuerdo de profesores muy exigentes, pero no me acuerdo mal de ellos porque, aunque eran exigentes, sentía que creían que yo podía llegar a ese nivel. Tengo mucho peor recuerdo de profesores que por ahí

me exigían menos, pero me trataban como si yo no valía. Eso es lo peor para un joven: es sentir que el otro, que tiene la autoridad, piensa que no valés. Por eso creo que hay que encontrar la tecla de cada uno".

En *Basta de todo*, **Radio Metro.**

"Por supuesto que hay muchas diferencias (entre dirigir a Argentina, Italia e Irán), porque son países diferentes. Sobre todo de Irán con Italia y Argentina, porque es una cultura muy distinta. Pero en muchas cosas yo he verificado en Irán, que era uno de los motivos por los cuales buscaba esa experiencia, que son iguales. Lo vi también en el fútbol. O sea, los jóvenes son jóvenes, los que juegan al fútbol, al básquet o al vóley, sean iraníes, argentinos o italianos. Hay ciertos mecanismos que funcionan siempre igual y otros que no, que hay que entender cuál es la cultura y no juzgar, sino tratar de adaptarse y poner ejemplos de la cultura de cada uno. Yo creo que a ningún argentino le gustaría que venga uno de afuera para dar siempre ejemplos de su país. Hay que poner ejemplos de acá, en Italia hay que poner ejemplos de Italia y en Irán hay que poner ejemplos de Irán".

En el canal de YouTube de Ferro Carril Oeste.

"Yo creo que con los dirigentes hay que ser como con los jugadores. Creo mucho en que es fundamental establecer prioridades. O sea, cuando uno va a un jugador y le pide que cambie diez cosas, no cambia nada. Porque además uno entrena diez cosas, entonces cada cosa mejora un 2% y, por lo tanto, el jugador es el mismo. Si uno le propone una cosa muy puntual y dice 'Vamos a meter todos los cañones en esta, porque si la mejorás sos otro jugador, de otra categoría'. Ahora, hay que hacer el diagnóstico bien. Porque si uno le trata los pulmones y resulta que tiene un problema en el hígado, no funciona por más bueno que uno sea en la medicina. Yo creo que con una organización, en este caso los dirigentes, es lo mismo: uno no puede llegar y pedir todo de entrada. Yo creo que había un poco de miedo acá de que yo llegara y pretendiera tener todo como en Europa. Vamos por pasos, hay muchas cosas. La Federación apoya mucho, el ENARD (Ente Nacional de Alto Rendimiento Deportivo) apoya mucho y la Secretaría de Deportes apoya mucho, pero vamos pidiendo cosas razonables, posibles en la Argentina. Pero tampoco acepto, como me ha pasado, que alguno me ha mandado a decir 'Bueno, hay que explicarle a Velasco que estamos en Argentina'. Eso me hizo reaccionar, y respondí: '¿Qué me quiere decir, que estamos en un país de mierda?'. Yo no creo eso. Estamos en un gran país, donde hay gente que hace las cosas bien y gente que hace las cosas mal, como en todos los países. Vamos a tratar de que el vóley esté entre los que hacen las cosas bien. El problema es ese, no que no se pueden hacer.

"Yo creo que con los dirigentes hay que ser como con los jugadores. Es fundamental establecer prioridades: uno no puede llegar y pedir todo de entrada".

Es como cuando se dice: 'No, pero acá a veces lo tenemos que atar con alambre'. Bueno, hay veces que lo ataremos con alambre. Ahora, ¿cómo lo atamos con alambre? ¿Bien o mal? Atar con alambre no es la única categoría: se puede atar con alambre y dejar la punta sin doblar, porque era demasiado trabajo darle con la pinza una vuelta más, y entonces el que mete la mano para arreglar se corta; o se puede atar con alambre y tomarse el trabajo de darle la última vueltita y, por ahí, ponerle una cinta adhesiva para que no se lastime. Y siempre está atado con alambre. O sea, yo creo que pasa por ahí. Hay cosas que podemos hacer tranquilamente como en Europa. Y, de hecho, se hacen, porque las condiciones de trabajo son buenas. Muchas son exactamente como en Europa, otras por ahí no lo son y ponemos buena voluntad, y otras son mejores. Yo creo que una de las mejores cosas es el entusiasmo: en Argentina hay un gran entusiasmo, en general. El argentino no se abatata ante las dificultades: busca y encuentra soluciones".

En *Basta de todo*, **Radio Metro.**

"¿Por qué hay que ser arrogante para tener convicción? Cuando hay gente que tiene que decir demasiado, yo noto que es porque en realidad tiene unas dudas terribles. Que dudas tenemos todos, pero es poca convicción. Si vos estás convencido de que vas a ganar, ¿para qué hablás? No digas nada: vas y ganás. ¿Perdiste? Bueno, nada".

En *Entrenadores*, **DeporTV.**

"Una cosa que yo siempre recomiendo a los entrenadores jóvenes es que cuando uno ve un jugador que no escucha, o que por ahí escucha y no logra hacer lo que nosotros le pedimos, no hay que hablar en el lugar de trabajo, sea en la cancha, en el vestuario o en el gimnasio. Hay que llevarlo a tomar un café, llevarlo a comer una pizza, sentarlo, empezar a hablar de una cosa y después decirle: 'Mirá, quería hablar de esto con vos'. Porque el ambiente es diferente en una mesa, más íntimo y vinculado a la charla con los amigos, entonces el jugador se abre más y va a decir lo que piensa mejor y va a escuchar mejor. Pero hay veces también que se necesita enojarse. Me acuerdo una historia con un jugador italiano, que estábamos entrenando defensa y le dije: 'No, no. Vos no defiendas'. '¿Por qué yo no?', me preguntó. 'Porque a vos no te gusta defender', le respondí. Entonces, se puso como loco a defender, justamente porque yo le hice un truco psicológico, digamos. En lugar de pelearlo,

le dije que no le gustaba y que pensara en atacar. Entonces, pensó: '¿Cómo yo soy el único que no entrena defensa?'.

"Hay veces que el reto y el enojo sirven, hay veces que sirve la comprensión, hay veces que sirve charlar y hay veces que sirve mandarlo al banco y que no juegue. ¿Y cuándo es una y cuándo es la otra? Eso es lo difícil".

A veces reaccionan así los jóvenes, ¿no? Pasa con los hijos, que uno les dice 'Llevate el pulóver que va a hacer frío' y no se lo llevan. Si uno les dice 'Mirá qué calor que hace', se llevan el pulóver para llevarle la contra al padre. Hay veces que con los jugadores jóvenes pasa lo mismo. Por eso es tan lindo trabajar con jóvenes, porque hay que encontrarle la vuelta. Hay veces que el reto y el enojo sirven, hay veces que sirve la comprensión, hay veces que sirve charlar y hay veces que sirve mandarlo al banco y que no juegue. ¿Y cuándo es una y cuándo es la otra? Bueno, eso es lo difícil. Ahí hay que tener olfato. A veces sale bien y a veces sale mal, y cuando uno ve que no funciona hay que cambiar. Porque el objetivo nuestro no es enojarnos o no enojarnos, sino que ellos mejoren. Lo que pasa es que hay veces que a ellos no les gusta lo que nosotros hacemos, como no les gusta cuando el profesor los manda a estudiar, o el padre que les dice 'Volvé a la una de la mañana' y vuelven a las cinco. Esas son relaciones entre adultos y jóvenes que son difíciles, pero creo que los adultos no tenemos que abandonar nuestro rol de educadores. Educar a

veces es comprender y a veces es enfrentarse. Ese equilibrio entre estas dos cosas es lo lindo y lo difícil de nuestro trabajo".

En *DXTV Noticias,* **DeporTV.**

"Trabajé en una empresa de limpieza: iba a las seis de la mañana a limpiar los vidrios de un banco de la calle 8. Ahí aprendí algo para siempre: la gente muchas veces abría la puerta apoyando las manos en el vidrio y quedaba todo marcado. Y yo decía: '¡Pero estos hijos de puta podrían agarrar el picaporte!'. Y luego reflexionaba: '¡Cómo se ve el mundo distinto desde el que tiene que limpiar la puerta y desde el que tiene que usarla!'. Utilizo este ejemplo en charlas que doy y en mi relación con jugadores, dirigentes o compañeros. '¿Cómo la verá él?', me pregunto. Porque es fácil verla desde acá".

En *El Gráfico.*

"Es una parte (ponerse en el lugar del otro). Ayuda, ayuda. Porque el otro se siente entendido y es como que se abre más, digamos. Pero lo difícil de convencer es que uno debe tener mucho convencimiento en lo que dice, no puede negociar todo, porque si no lo hace no convence

y, a su vez, debe tener en cuenta al otro. Y eso es lo difícil, ¿no? Porque a veces el convencimiento es demasiado y el otro se cierra porque uno lo avasalla. Y hay veces que uno pierde convencimiento por negociar, sobre todo en el rol de entrenador o de médico, que uno tiene que dar seguridad. Aunque uno tenga dudas. No es que nosotros siempre tenemos todo claro. Porque a veces la gente o algunos entrenadores jóvenes dicen: 'No, porque usted hizo tal cosa'. Y yo les digo: 'Yo no es que la tenía clarísima. Yo probé'. Ahora, cuando pruebo una cosa, cambio. Por ejemplo, dejo un jugador afuera para ver si... Yo me tengo que mostrar ante ellos como que la tengo súper clara. Si no, les doy inseguridad.

"Lo difícil de convencer es que uno debe tener mucho convencimiento en lo que dice, no se puede negociar todo, porque si no lo hace no convence y, a su vez, debe tener en cuenta al otro".

Entonces, es difícil a veces no caer en la imagen del tipo que la juega de fenómeno. Muchas veces nos ponemos una máscara. En realidad no la tenemos clara, pero para dar seguridad, la vendemos como que la tenemos súper clara. El convencer a la gente es siempre un equilibrio muy sutil, que para no equivocarnos mucho hay que tratar de ver cómo reacciona el otro, ¿no? El feedback. Uno prueba una cosa y ve lo que recibe. Ve que así no va y busca de otra manera. Yo consulto mucho con mis colaboradores. Mucho. Ellos saben dónde está la máscara en algunas cosas, pero en otras no. Cuando se trata de trabajar con los jugadores, yo pido opiniones *porque, como cada uno en el staff tiene una personalidad diferente, siempre la opinión de los otros me da un enfoque diferente. '¿Y vos cómo lo ves?', pregunto. No de una cosa del bloqueo o de la recepción, que también, pero sobre todo cuando se habla de '¿Por qué no lo convencemos? ¿Por qué reacciona así? ¿Por qué? ¿Qué le pasa?'. Cada uno da su opinión y, claro, siempre me da una cosa que me sirve porque lo ven de otra perspectiva".*

En *No somos nadie,* **Radio Metro.**

"Fue una combinación de factores, un entrenador no hace eso solo (convertir a Italia en potencia). Los jugadores son imprescindibles, pero a veces hay muy buenos jugadores que los demás no los ven como muy buenos, y eso pasaba en Italia. No creían en esos jugadores, a tal punto de que el entrenador de la selección no quería dejar el cargo en su club, sino mantener los dos puestos. Cuando asumí en la selección dejé mi puesto en la Panini, que es el mejor club de Italia. Como digo siempre, a los jugadores hay que hablarles, pero uno les habla sobre todo con los hechos. 'Me juego todo con ustedes', fue mi mensaje. Después, cuando ganamos Europeos, Mundiales y medallas olímpicas, muchos dijeron: 'Es una generación de fenómenos'. Claro, antes no lo decían. Con el diario del lunes es fácil. La clave fue trabajar mucho más de lo que se trabajaba, con más exigencia, y tener

competencia internacional, porque salimos mucho (del país). Antes, a los jugadores no les gustaba salir, querían probarse en Italia. Y los jugadores, claro. Fueron muchos factores".

En *El Gráfico.*

CAPÍTULO 2
GESTIÓN DE GRUPO

Uno de los puntos más importantes del trabajo de un entrenador se centra en las relaciones humanas. Más allá de sus conocimientos prácticos del deporte, sobre cuestiones técnicas, tácticas y metodológicas (el camino para transmitir sus ideas y llevarlas a cabo), también debe tener la capacidad para crear un contexto adecuado para conectar con el deportista y sacar su mejor versión. En los deportes individuales esto se reduce a un vínculo, mientras que en los colectivos es necesario atender diferentes personalidades y fortalecer el conjunto sin desatender a cada persona.

Los aspectos incluidos en el concepto de "gestión de grupo" son diversos. Desde saber cómo sacar ese potencial extra, hasta poder separar historias personales; también incluye establecer normas de convivencia, cómo tratar a las estrellas sin condicionar la coexistencia y encontrar la manera de acercarse a cada jugador, la famosa frase de "tocar la tecla justa" que tanto impactó a Guardiola en una de sus charlas con Velasco. Con experiencia en el manejo de todo tipo de planteles (de jugadores jóvenes o más grandes que él), el platense conoce los secretos de este tema y lo refleja en reflexiones muy interesantes.

"*En un grupo hay ciertas cosas que son para todos iguales. Digamos, los privilegios tienen límites: no es que porque uno sea un campeón hace lo que quiere. Yo no me refería a eso cuando hablé con Guardiola. Yo me refería mucho al hecho de que a veces los entrenadores de equipo pretendemos que la individualidad, la personalidad y las características se diluyan en el equipo. Y yo creo que no es así. Yo creo que el arte de manejar un equipo es que se juegue en equipo sin que se diluya la individualidad. El jugar en equipo es un método, no es un imperativo ético de 'No seamos individualistas, juguemos en equipo'. No. Significa que jugar en equipo tiene sus reglas. Si un entrenador tiene claro que cada uno es diferente, de repente a uno le habla mientras está entrenando, a otro le habla cuando termina y a otro lo invita a tomar un café, porque si no lo hace, no se abre porque es un jugador más difícil de hablar. Yo en los cursos de entrenadores muchas veces digo: 'Aprendemos más de los personajes de una novela, a veces, que de un libro de psicología'. Porque el personaje de la novela tiene todos los detalles de la persona individual y nosotros tenemos que tener en cuenta eso. Si hay un jugador que tiene características distintas a las que nosotros pensamos que es el paradigma, tendemos a excluirlo o a estigmatizarlo y decir: 'Eh, no tiene cabeza'. Y, de repente, simplemente es una personalidad diferente que nosotros tenemos que tratar de entender. Siendo educadores, porque un entrenador yo creo que es un educador*".

En Radio Del Plata.

"Dirigir un grupo implica tener un buen equilibrio entre establecer normas y dejar mucha libertad. Para mí es muy importante convencer a los jugadores, no imponer. Pero hay veces que hay que imponer. Es siempre una cuestión de equilibrio, para mí. Yo tengo una visión dialéctica de las cosas. Los opuestos conviven: conjunto-individuo y normas-libertad. No son contradicciones que se rechazan, sino que se mantienen juntas, justamente, por ser contradicciones que funcionan cuando están juntas. Completa libertad no funcionaría, y reglas demasiado estrictas para todo, tampoco. Se trata de convencer a los jugadores, de convencerlos de que es importante que se cuiden, que duerman. Además, si en un equipo de jóvenes uno pretende controlar todo, ellos se divierten en hacerlo sin que uno se dé cuenta. Yo se los digo enseguida: 'Yo ni pretendo controlar, porque sé que ustedes van a inventar algo para que yo no me dé cuenta'. Es un modo también de convencerlos, como diciendo que les doy el rol de que ellos ganan, pero que ellos pierden. Yo estoy para ayudarlos a ganar y a ser mejores. Es siempre tratar de llegar a la cabeza y al corazón. A veces se logra y a veces, no".

En *99% La disciplina del éxito*, **LA NACIÓN**.

"Yo creo que a las estrellas no se las puede tratar como a uno común. Porque sería ridículo y no es la realidad, hay que reconocer que son diferentes.

Pero lo que hay que establecer es cuáles son las cosas que tienen que compartir con sus compañeros y cuáles no".

En *Estudio Fútbol*, **TyC Sports.**

"A él (Guardiola) le quedó mucho eso (que cada jugador tiene una tecla). Yo me refería a la individualidad, no a los privilegios. No es que yo diga que hay jugadores a los que hay que darles privilegios y otros a los que no. Como les expreso mucho a los jugadores, que incluso se lo dije a más de uno cuando trabajé en el fútbol: 'Vos ya tenés privilegios, ganás el doble que el otro'. En el deporte profesional, esos privilegios ya están establecidos por los contratos. Lo que sí creo es que cada persona es un universo. No podemos, en nombre del trabajo en equipo, anular la individualidad en la gestión. Porque a uno se lo motiva de un modo y a otro, de otro. A uno no le gusta que le digan las cosas delante de los demás, y a otro no le importa. A uno hay que agredirlo y desafiarlo, y a otro uno lo agrede o lo desafía muy fuerte y se cae. Esto es una de las cosas más lindas de nuestro trabajo, cómo tratar de llegar. Hay veces que a un jugador yo no le encuentro la tecla. A él le quedó grabado que yo le dije que cada jugador tiene una tecla que hay que encontrar. No hay que saberla apretar: primero hay que encontrarla. Hay veces que a mí me cuesta mucho tiempo encontrar una tecla y hay veces que no la encuentro nunca. Hay veces que he mandado jugadores al psicólogo porque no se la he encontrado, por ejemplo, y de repente un

psicólogo se la puede encontrar porque es algo muy profundo a lo que yo no logro llegar. Lo que sí hay que tener claro, me parece, es que cada persona tiene una tecla que la hace funcionar, reaccionar y dar lo mejor de sí".

En *Siempre es hoy*, **Radio Del Plata.**

"Les doy mucha importancia a las reglas de comportamiento. Por ejemplo, yo no quiero un papel tirado en el vestuario. Nosotros tenemos vestuario propio y hay que cuidarlo. Mi mamá siempre me decía que el mejor modo de limpiar es no ensuciar. Hay que cuidarlo. Nosotros cuidamos poco las cosas en nuestro país. Es cierto que tenemos poca infraestructura, pero también es verdad que cuando la hay, la rompemos enseguida. Entonces no hay dinero que alcance. Yo creo que esta responsabilidad es parte de un crecer como individuos".

En *99% La disciplina del éxito*, **LA NACIÓN.**

"Cambia todo (tener una superestrella en el plantel). Me acuerdo siempre de algo que se cuenta de (Ottavio) Bianchi, que una vez en una reunión con el equipo en la que Maradona no estaba dijo: 'Diego hace de Diego. Y nosotros, de nosotros. El problema es si uno de nosotros quiere hacer como Diego'.

Como diciendo que si el grupo acepta que Maradona sea diferente no es un problema, por todo lo que ya sabemos, y está bien. Ahora, si después viene un jugador normal, bueno pero normal, que no es Maradona y dice 'Ah, pero yo también quiero ser como Maradona', ahí se pudre todo. Después, no todos los jugadores han sido como Maradona. Además de privilegios, Maradona tenía un problema, que era la drogadicción, que condicionaba el hecho de no ir a entrenar. Maradona, que yo lo defiendo siempre en ese sentido porque he visto muchos partidos, un tipo como él nunca, nunca puso mala cara ante un pase malo del compañero. Entonces, no se tomaba privilegios de ese tipo: iba y discutía con el presidente los premios de sus compañeros e iba y jugaba lesionado porque el equipo lo necesitaba. Por eso también el grupo lo aceptaba, no solamente porque jugaba bien.

"No es lo mismo tener uno como Messi o como Maradona, esos jugadores. Es un lujo, pero un entrenador de experiencia tiene que saber que no es igual".

Está claro que no es lo mismo tener uno como (Lionel) Messi o como Maradona, esos jugadores. Es un lujo, pero un entrenador de experiencia tiene que saber que no es igual. No se puede decir: 'Todos los jugadores son iguales'. Todos los jugadores son iguales en el sentido de que tienen derechos y deberes, pero no son iguales. Sea por la característica de cada uno, que son personas y, por lo tanto, universos diferentes, sea por lo que representan, sea por el carácter o por tantas cosas. Por eso es muy difícil manejar grupos. Sobre todo en el fútbol es muy difícil, que son grupos muy grandes de jugadores, con mucha cantidad, y sometidos a una vidriera tremenda. Porque eso cambia todo. Una cosa es *algo en privado con un jugador y otra es que eso se sepa. Cambia todo.*

"Todos los jugadores son iguales en el sentido de que tienen derechos y deberes, pero no son iguales. Sea por la característica de cada uno, sea por lo que representan, sea por el carácter o por tantas cosas".

Es como una discusión dentro de casa: uno discute con la mujer dentro de las cuatro paredes y no pasa nada, pero sale por la tele y todos opinan; la amiga le dice '¿Cómo te dejás decir eso por tu marido?', y los del club le dicen al marido 'Pero sos un salame, mirá lo que te dijo tu mujer'. Eso es lo que pasa en deportes tan populares como el fútbol, que se modifica todo por la popularidad. Son empresas de cristal, en las que todo lo que ocurre se sabe y a veces hasta se inventa. Manejar todo realmente es muy difícil. Yo admiro mucho a los entrenadores de fútbol porque tienen que manejar cosas que van mucho más allá del juego, además de que el juego es difícil porque hay más equilibrio que en otros deportes. Tienen que manejar todo otro montón de cosas que realmente hacen que el trabajo sea muy complicado".

En *Basta de todo*, **Radio Metro.**

"La dificultad de trabajar en el fútbol es que los técnicos tienen que manejar jugadores en medio de 20 000 variantes. Porque, ¿cuál es el gran problema del fútbol? Para mí, uno de los grandes problemas del fútbol es que todo lo que se hace y pasa, lo sabe

46

todo el mundo. Por ejemplo, los grandes clubes tienen una compartimentación de la información muy grande. En Italia, de la Juventus se sabe menos que de los otros equipos. Cuando voy a dar charlas en las empresas, yo siempre digo que en una empresa, cualquiera que sea, si todo lo que pasara adentro se supiera y se hablara en los bares, como pasa con el fútbol, no durarían un mes. Explotarían. El ambiente del fútbol es difícil por eso. Es como la política también. Hasta más que la política, porque la gente se cansa después de hablar un poco de política. De fútbol pueden estar tres horas hablando sobre si un jugador salió con fulana, se acostó temprano o de si erró un gol. Entonces, cuando un técnico tiene que manejarse con los jugadores tiene la variante de la opinión pública, de los mánagers, de los jugadores y ahora, la última, es la de las esposas, que hablan y escriben. Se sumó una más en vez de restarse. Es muy complicado todo. Nosotros no tenemos tanto: yo tengo una relación con el jugador y es yo con el jugador. Todo lo demás no existe todavía en el vóley, que la popularidad lleva a eso. Por cómo se manejan, yo siempre leo todas las entrevistas que puedo de entrenadores de fútbol y de básquet".

En *No somos nadie*, **Radio Metro.**

"Yo continuamente pienso en los individuos. Hay una idea del juego de equipo, del trabajo de equipo, que es que la individualidad se disuelve en el equipo. No, no es así. La individualidad no se disuelve, está siempre presente en el equipo. Los seres humanos somos individuos. Se trata de ponernos de acuerdo en que para que funcione hay que jugar en equipo. Pero yo cuando pienso en cada jugador, en todo, desde la técnica, la condición física y las características físicas, mentales, de motivación y de todo, yo pienso a cada uno como una entidad en sí misma. Y tengo que hacerlas jugar en equipo. A veces funcionan juntas y a veces, no. No es que no funcionen en ningún otro lado: por ahí en ese contexto no funcionan, porque es como una química entre los componentes".

En *99% La disciplina del éxito,* LA NACIÓN.

"Él (Guardiola) se acuerda mucho de que yo le dije que no todos los jugadores son iguales, que cada persona es un universo y que hay que tratarla de acuerdo a las características que tiene. Hay jugadores a los que uno les habla en el entrenamiento y les va bien, hay otros a los que hay que llevar a tomar un café porque si no es así no escuchan y hay otros a los que hay que hablarles de otra manera. Lo que yo le dije es como que cada uno tiene una tecla, que hay que encontrarla. Si uno aprieta esa tecla, logra entrarle al jugador, que el jugador lo siga a uno, que se motive, que aprenda. Y eso es lo más difícil, porque son todas teclas diferentes. Hay veces que uno no logra el éxito porque va con los criterios que uno tendría o que uno tuvo cuando era jugador. A mí me motivaban y me motivan ciertas cosas, que de repente a un jugador muy importante de mi equipo no lo motivan esas cosas y lo motivan otras. Y tengo que encontrar esa tecla: qué es lo que lo motiva, qué es lo que lo mueve a aprender, a cambiar, a mejorar.

Que no necesariamente son las mías. Muchas de las incomprensiones que hay, no solamente entre entrenador y jugador, sino en general entre adultos y jóvenes, entre profesores y alumnos o entre padres e hijos, es que uno va con las propias motivaciones, con la propia tecla. Y si el otro no tiene la misma tecla, el joven está equivocado porque no tiene la misma tecla que yo. La mía es la mía y la de él es la de él. Además, son generaciones diferentes y uno tiene que tratar de entender las características de las nuevas generaciones para encontrar la tecla justa y hacer que los chicos aprendan, que se motiven, que trabajen y que sigan su carrera de la mejor manera posible".

En *DXTV Noticias*, **DeporTV.**

"Las charlas importantes no hay que darlas en el gimnasio o en la oficina, sino afuera del ámbito habitual para crear otra intimidad".

En *El Gráfico.*

"No sé si me doy cuenta rápido de los jugadores distintos en la actitud, pero estoy atento a eso. Estoy atento. No todos aprendemos de la misma manera, por ejemplo. Hay jugadores a los que el desafío los

enciende, y hay otros a los que por ahí, si el desafío es muy grande, los pone en una situación difícil".

En *99% La disciplina del éxito*, LA NACIÓN.

"Yo lo que les digo a los entrenadores es que nosotros trabajamos con personas. Jugadores, staff y los mismos dirigentes son todas personas. Y yo creo que la novela, en particular, nos explica más cómo es una persona, aparte de la experiencia obviamente, que el libro de psicología. O sea, el libro de psicología también es importante, pero son abstracciones, ¿no? Esta personalidad o este modo de ser. En cambio, en la novela el personaje es de carne y hueso. Uno aprende leyendo novelas y también viendo películas, que (Marcelo) Bielsa me dijo que ve dos películas por día. Yo creo que, a veces, los entrenadores tendemos a pretender anular de alguna manera la individualidad. O sea, entender que el jugador sí hace parte de un equipo, pero él es único y es de esa manera, no se parece a otro. A veces, en nombre del equipo, nos olvidamos de eso. La novela eso lo pone, en cambio. Sería aburridísima una novela si los personajes no fueran cada uno de un modo particular. Uno leería cinco páginas y no leería más. Uno se da cuenta ahí de que es complejo, de que no bastan las reuniones. En las reuniones, el jugador dice lo que uno quiere escuchar. Lo de atrás, lo que habla con la novia, con la mujer o con el amigo íntimo, uno no lo sabe, pero hay que tratar de imaginarlo. Porque ahí está realmente el secreto de si vamos a funcionar juntos, si no, y si vamos

a respetar ciertas cosas. Porque con alguno unas cosas no hay que tocarlas y a otro no le importa. Toda esa complejidad del manejo nunca se termina de aprender".

En *No somos nadie*, **Radio Metro.**

"No fue sencillo (dirigir jugadores de mayor edad en Panini Modena). 'Vamos a entrenar tres horas todas las tardes y una las mañanas', les dije de entrada. Y se me levantó el capitán, Franco Bertoli, que era el mejor jugador italiano: 'No se puede entrenar tres horas'. Uff, les tuve que hablar mucho. El director general estaba preocupado por la repercusión mediática, porque Modena es la ciudad del vóley, como Bologna es la del básquet. Entonces, tomé una costumbre que conservo hasta hoy: nunca leí un diario de Modena. Me perdía conciertos, espectáculos, no sabía qué pasaba en la ciudad. Por ahí un periodista me tiraba mierda y yo lo saludaba bárbaro en las prácticas porque ni sabía qué había escrito. No leí un diario de Modena durante los cuatro años que estuve en la Panini, ni durante los ocho en la selección, aunque ahí ya era casi un prócer para todos".

En *El Gráfico.*

"Entrenar hijos de amigos es complicado. Yo siempre digo que el entrenador no tiene que ser amigo de sus jugadores, porque esa relación afectiva complica ciertas decisiones y relaciones. Intenté tratar a todos como si no fueran hijos de amigos".

En *Arqueros, Ilusionistas y Goleadores***, Club Octubre 94.7.**

CAPÍTULO 3

APRENDIZAJE

Existen pocos aspectos tan presentes en la carrera de un entrenador como el aprendizaje. Sea propio, por la voluntad para desarrollarse, o aplicado en los deportistas, para que mejoren su rendimiento, se trata de un concepto que atraviesa toda su trayectoria sin una fecha de vencimiento. Siempre es posible incorporar elementos, sumar variantes o encontrar un nuevo camino que recorrer en busca de pulir el método de trabajo. Como si se tratara de un artesano, siempre hay detalles técnicos, tácticos o mentales (también físicos, aunque esa tarea es más realizada por un especialista del cuerpo técnico) que corregir o ajustar para perfeccionar las capacidades de los protagonistas del juego.

En esa búsqueda constante del crecimiento para mejorar el desempeño, el foco frecuentemente apunta a los detalles en busca de un matiz que, por pequeño que sea, facilite un salto de calidad. Entre su curiosidad por adquirir nuevas herramientas, muchas veces a partir de charlas con colegas, y su objetivo diario de mejorar al atleta a través del entrenamiento, para lo que cobra mucha relevancia el diagnóstico que se hace, este punto ocupa un gran lugar en la rutina del director técnico.

"*Aprendí (de los primeros años como entrenador). Siempre digo: 'Qué suerte que los jugadores de mis primeros clubes no fueron de Italia'. Porque hubieran contado los desastres que hacía, como todos cuando aprendemos algo. Pero bueno, fui aprendiendo mucho de viejos entrenadores. Yo era muy curioso, me colaba en las cenas de los entrenadores más grandes. Ya cuando era jugador hacía eso y me ponía a escuchar. Siempre digo que aprendí más en las mesas de café que en los cursos. Al menos en el vóley*".

En *99% La disciplina del éxito*, **LA NACIÓN.**

"*En mi cultura deportiva está el club. El club significa la convivencia de diferentes deportes. Desde que era jugador y como técnico, sobre todo en Ferro, que en esos años era la Nueva York de Buenos Aires. Yo era un técnico joven y estaba (Carlos Timoteo) Griguol, estaba Luis Bonini, que era el preparador físico de básquet, estaba (León) Najnudel y estaba Carlos Picarelli con las mujeres, y yo iba y me sentaba ahí. Si no me echaban, me quedaba y escuchaba. Siempre valoré mucho ese modo de aprender. Lo hice también con los entrenadores. Entonces, trato de hacerlo con los jóvenes que me preguntan. De hecho, a Juan Cichello, que yo lo llevé a trabajar conmigo a Irán, ¿por qué lo elegí? Yo no lo conocía mucho y lo elegí por los resultados que había tenido con la selección juvenil de vóley, pero además porque cuando yo llegaba a Argentina, que él no sé cómo se enteraba, me invitaba a comer una pizza, sacaba un cuaderno*

con preguntas que había preparado y me tenía
ahí dos horas. Entonces, cuando yo necesité un
segundo en Irán, que quería un argentino, dije:
'Este es el pibe que quiero llevar'.

**"En Ferro estaban (Carlos Timoteo)
Griguol, Luis Bonini, (León) Najnudel,
Carlos Picarelli y yo iba y me sentaba
ahí. Si no me echaban, me quedaba y
escuchaba. Siempre valoré mucho ese
modo de aprender".**

Lamentablemente, yo hasta ahora no he tenido mucho tiempo, porque el primer año ni qué
hablar, el segundo más o menos, y el tercero
tuve este problema familiar que llegué más
tarde, pero he buscado entrenadores y quiero
hablar con algunos. Me interesan un montón.
Me gustaría mucho hablar, por ejemplo, con
(José) Pekerman. No de fútbol, porque él hizo
un trabajo extraordinario en la educación de los
chicos jóvenes con la idea del grupo. Por eso
digo que no es que en Argentina no se puede
hacer: él lo hizo. Me gustaría mucho hablar sobre
esos temas. Me gustaría mucho hablar con la
gente del hockey, porque sea con mujeres o con
varones, han logrado grandes resultados. Con la
gente del básquet ya he hablado, pero quisiera
profundizar. En Italia también tengo amigos
de básquet. Siempre me gusta hablar con los
técnicos de Estudiantes, además de eso, porque
soy hincha. Eso ya es una cosa menos profesional, pero también personal. Con los entrenadores
de fútbol me gusta hablar con todos en general,
porque creo que la dificultad que tienen los
entrenadores de fútbol es enorme".

En *No somos nadie*, **Radio Metro**.

"*Donde más se consolidan los aprendizajes es cuando uno explica, pero la segunda (situación) es en las discusiones. No ganando, sino discutiendo en sí. En los cursos hay poca discusión. Son muy importantes, eh, y yo hice todos los que pude y sigo haciéndolos. Pero cuando uno discute un tema con otros entrenadores buenos, ahí se aprende muchísimo. Hay varios motivos por los cuales nosotros, en Argentina, tenemos tantos técnicos buenos. Uno es que nosotros somos de mucha pasión y estamos acostumbrados a 'laburar a pulmón'. Eso existe en Argentina, no en Suiza. Pero las otras dos características que yo creo que forman mucho a los entrenadores son: que el vóley esté en los clubes donde hay otros deportes, entonces hay comunicación con otros entrenadores, y que hay, aunque no siempre, muchos entrenadores que se ven mucho con otros entrenadores del mismo club de vóley. Si uno va a ayudar, se los encuentra tomando un café al entrenador de los juveniles con el de los cadetes, por ejemplo. Eso sigue existiendo mucho, y junto con los cursos, que hay que hacerlos, tiene un valor extraordinario en la formación de los entrenadores*".

En *Télam*.

"*La cantidad de técnicos de vóley que han triunfado en el exterior es impresionante. Antes no existía; creo que el hecho de mirar hacia la competencia internacional ha sido muy importante. Pasa en todos los deportes, tenis, hockey, básquet. Antes se miraba a los equipos de acá nada más, pero hace varios años ha cambiado el paradigma. Hoy, todos los entrenadores estudian, miran y se informan de lo que pasa afuera".*

En *El Gráfico.*

"Tener capacidad de aprendizaje, ganas de aprender, es un talento también. Nosotros vemos como talento solamente al que le salen fácil las cosas técnicas. Pero la capacidad de aprendizaje no es una consecuencia de la inteligencia solamente: es una capacidad en sí misma. Hay gente muy inteligente que no tiene una gran capacidad de aprendizaje. Es muy inteligente y algunas cosas las aprende rápido, pero uno lo saca de ahí y otra cosa no la aprende rápido, porque no tiene esa capacidad de aprendizaje en general. Lo que pasa es que es muy bueno en eso, muy talentoso en eso. (...) La capacidad de aprendizaje es una capacidad en sí misma. Yo miro mucho en los jugadores jóvenes si tienen capacidad de aprendizaje, no solamente si tienen talento en el sentido de que les viene fácil la pelota".

En *99% La disciplina del éxito, LA NACIÓN.*

"Tener dos equipos en la selección permite crear un poco de competencia interna para ver quién soporta esa presión de quién es mejor, quién mejora más y quién aprende más rápido. Porque si hubo cosas que no funcionaron en el pasado

tuvo que ver, creo, con el no mejoramiento de algunos jugadores. La capacidad de aprender no es automática. No es que un jugador es bueno o no lo es. El jugador es bueno, si no lo fuera no estaría en la selección. De lo que se trata es qué capacidad de aprender tiene una vez que es bueno. Los jugadores cuando no son buenos tienen una gran capacidad para aprender, y hay jugadores que, en cambio, cuando ya son buenos dejan de aprender. Esto pasa en la vida también, no solamente en el vóley. Para estar en el primer nivel es necesario ser bueno y seguir teniendo capacidad de aprendizaje. Esto es un tema que yo les planteo a los jugadores así, abiertamente, y vamos a ver quién tiene esa capacidad y quién, en cambio, la tiene menos. Quizá la tengan todos y me pongan a mí en una situación muy difícil de elegir, que ojalá sea así. Igual, siempre es muy difícil elegir para un entrenador, sobre todo en el caso de estos chicos que trabajan todos muy duro y muy bien, con mucha motivación. Pero hay que aceptar que la selección nacional es un ambiente competitivo".

En una charla en DeporTEA.

"Los chicos (de la selección argentina), como siempre, trabajan duro. Hay que insistir en trabajar bien, además de trabajar duro. En la fase de concentración, de la tensión. Como siempre, tienen una gran motivación. Les insisto mucho en que el 40% de los sets se ganan y se pierden por dos pelotas, entonces que mejorar no significa aprender algo que uno no sabe: a este

nivel, significa jugar una pelota bien, mejor. Dos jugadores, no todos. Porque si todos juegan una pelota mejor, somos siete pelotas mejores y no perdemos ni un set. Hay que tratar que dos jueguen mejor una pelota para poder ganar los sets que perdimos por dos pelotas. El vóley tiene una característica un poco peculiar, como el tenis, porque los deportes de rebote son difíciles desde este punto de vista. Son difíciles técnica y mentalmente, porque por poco ganás o perdés un punto y ganás o perdés un set".

En *Estudio Fútbol*, **TyC Sports.**

"Ahora estoy preparando una estadística que siempre decimos los entrenadores de vóley: se gana 25-23, 25-22 o se pierde 23-25, 22-25 o 21-25, que si es 25-20 ya el set fue netamente a favor del otro equipo o del propio equipo. Significa que ganar o perder ni siquiera depende de una pelota de un jugador: son tres pelotas, cuatro o dos, y juegan siete. Entonces, todo lo que se hace, toda la programación que vamos a hacer para esta temporada y lo que hace un club, es para mejorar tres pelotas. En eso se parece un poco al tenis. Tenemos que tener esa mentalidad de 'Bueno, vamos a proponernos mejorar esas dos o tres pelotas por set para ver si podemos entrar en modo estable en el grupo de ocho mejores equipos del mundo'. Yo creo que hay dos cosas (para concretarlo). Uno, el entrenador tiene que ser un rompe... Es así. A mí me pasó con un jugador de la selección italiana, muy bueno como eran todos de ese grupo, que

"

en un momento lo corregí por una pelota y me dice: 'Pero es la primera que me equivoco'. Y yo le explique esto, le saqué la estadística y le respondí: 'Mirá, vos sos muy bueno ya. Para vos, mejorar significa que mejores una pelota'. Si sos más o menos, bueno, hay que mejorar cinco, seis o siete pelotas. Ahora, cuando uno ya es bueno, como es el caso de Argentina, que no son tan buenos como los de ese equipo que ya ganaba, pero son buenos, muy buenos jugadores, primero el entrenador no tiene que perder la motivación de estar ahí. Pero la clave es cuando el grupo es autoexigente y ya no lo es más el entrenador, sino que el entrenador les dio el empujón inicial quizá, si son jóvenes, y los mismos jugadores se proponen eso y dicen: 'Yo me voy a entrenar'. Y en eso los deportes individuales nos enseñan mucho. Yo les hablo muchas veces a los chicos del atleta que está ahí y se mata para mejorar la marca. Que por ahí ni siquiera le sirve para ser campeón argentino, no ya campeón olímpico, pero igual se mata para mejorar su marca. Esa mentalidad del deportista individual creo que nos puede ayudar mucho".

En *No somos nadie*, **Radio Metro.**

"Como dije en otras ocasiones, nos falta todavía un tiempo antes del Mundial, y lo que yo les propuse a los jugadores es que en este tiempo cada uno se proponga mejorar una cosa. Porque si cada jugador mejora una cosa, cuando el equipo juegue, mejoró siete cosas. Y si un equipo mejora siete cosas, es un salto de calidad *para poder llegar todavía en mejores condiciones al Mundial. La verdad es que los jugadores están trabajando muy bien, sea desde el punto de vista del empeño, de la voluntad. Que siempre lo han tenido, pero han hecho una mejoría muy grande en cuanto a lo mental y a la calidad del trabajo, a la concentración, a la capacidad de utilizar sistemas de juego. Esto no podemos decir que nos va a ser suficiente, porque después está el rival que mete en crisis o no lo que uno hace".*

En una conferencia de prensa en medio de una serie amistosa ante Cuba antes del Mundial 2018.

"Yo apunto mucho a mejorar, primero que todo, a los jugadores desde el punto de vista individual. Yo elijo prioridades de cosas que tienen que mejorar. No más de dos o tres, y sobre todo una. Por prioridad entiendo eso que si un jugador mejora, lo cambia de categoría. No es que los mejora un poquitito. Yo no creo que a los jugadores haya que mejorarlos en todo un poquitito: hay que mejorarlos mucho en un par de cosas. Entonces, cada uno pone lo mejor de sí y el equipo funciona bien. (...) Yo he tratado de hacer un diagnóstico y trabajar lo que me parecía que eran los lados débiles, sabiendo que los lados fuertes iban a venir solos. Ayer les dije que yo no los trato como débiles que, uy, cuidado con criticarlos o con trabajar sobre lo que no hacen bien, porque si no, se van a 'bajonear'. Eso es tratarlos como débiles. Es como con los hijos: si uno los considera débiles, se crían débiles. Si uno los considera fuertes, como yo creo que lo son, ellos se pueden bancar

(aguantar) mi crítica y la del staff, trabajar sobre los defectos y crecer. Creo que lo están haciendo, vamos a ver si el crecimiento que tuvimos es suficiente. Porque nosotros somos un equipo, además, poco físico con respecto a los grandes equipos. Quizá Francia también lo es un poco, pero juega un grandísimo vóley. Los demás son todos equipos muy físicos, y nosotros tenemos que ser mejores todavía en otras cosas para poder ganarles por lo menos en un día".

Pospartido en TyC Sports en Río 2016.

"Las cosas que no salen se pueden dejar. Si no se puede, no se puede. No es que todo se puede, no soy de los que dicen que todo se puede con la voluntad. Hay cosas que no se pueden. Después de un poco que uno intenta, dice: 'Esto dejémoslo'. Esto vale también para un jugador: uno le propone cambiar una cosa y si no la cambia, no la cambia; uno no lo tiene que volver loco un año. Bueno, no la podrá cambiar. Ningún jugador es perfecto. Pero si le propone una cosa, la tiene que cambiar. O sea, tengo que elegir bien qué le propongo de cambiar. Pero si me empieza a decir 'No, lo que pasa es que...' o 'Sí, sí, pero...'. El 'Sí, sí, pero...' es terrible, porque es mejor decir que no y entonces yo puedo enfrentarlo. No es 'Sí, sí', porque si es así vamos a hacerlo, buscamos el modo. Pero si viene el 'pero', en realidad está diciendo que no se puede. Es decir: yo creo que se trata de desencadenar las capacidades de las personas. Muchas veces las personas pueden más cosas de *las que creen. O que creen que las tienen más chiquitas de lo que las tienen. Y eso se ha visto en tantísimos casos. Yo creo que podemos sacar de adentro capacidades que por ahí no creemos tener, quizá porque tenemos miedo de fracasar. Está mucho el miedo a fracasar, que parece mejor no probar que fracasar".*

En *Animales sueltos*, **América.**

"Yo creo que no perdimos (cosas del juego con respecto a los Juegos Olímpicos Río 2016), más allá de los jugadores que no están por lesiones. Creo que se ha mejorado. El problema es que los demás también han mejorado. Siempre estamos ahí. Rusia, por ejemplo: la Rusia de Río no es la Rusia de hoy. Lo cual no significa que uno no los pueda agarrar en un día particular y les pueda ganar, pero es más difícil que en Río. Brasil, en cambio, tiene más problemas que en Río. O sea, está eso: yo, que estoy en el deporte hace tantos años, entiendo que el periodismo, como lo leo en los diarios deportivos y en los diarios normales, tiene que hablar de algo en los días anteriores. Pero en realidad lo emocionante del deporte, lo que hace que el deporte sea tan seguido por tanta gente en el mundo, que los Juegos Olímpicos sean el espectáculo más grande que hay en el mundo y los Mundiales y demás, es porque no se sabe. Es, justamente, porque no se sabe. Porque si se supiera, perdería interés. Porque nosotros mejoramos y yo creo que vamos a mejorar con respecto a Río, pero a veces no se ve la mejora porque el adversario te

mete en dificultad y no te hace mostrar lo que mejoraste. Porque si los rusos vienen y te sacan siempre a mil, fuerte, y vos dejás la pelota separada para que no te hagan aces, vos no mostrás lo que mejoraste porque ellos te impiden mostrar lo que mejoraste. Entonces, yo creo que para este Mundial el equipo está mejor. Vamos a ver, cuando nos midamos con los otros, cuánto mejor están los otros, si están igual o qué es lo que puede pasar".

En una conferencia de prensa en medio de una serie amistosa ante Cuba antes del Mundial 2018.

"Ahora se hará un primer proyecto de acá a dos años, pero en 2017 tenemos Sudamericano, clasificación para el Mundial y Liga Mundial. Nosotros tenemos que mejorar, que no significa solamente en una idea subjetiva de decir 'Bueno, me parece que mejoramos', sino en los resultados. En la Liga Mundial hemos ganado partidos importantes con Rusia, con Serbia y con Francia, y mejorar significa aumentar esa cantidad de victorias contra los mejores equipos. Que no es fácil, pero nos tenemos que proponer eso. El Sudamericano con Brasil es siempre una cosa abierta, que nunca le ganamos a Brasil un Sudamericano. Vamos a seguir intentándolo, no vamos a aflojar y este año lo vamos a intentar otra vez, aunque sabemos que es difícil. Creo que nos hemos acercado. Pero creo, porque después uno cree o está convencido, va y resulta que la diferencia es muy grande. Y en el año del Mundial ahí queremos hacer un salto, intentar llegar a las instancias finales, a la semifinal. Que

es muy difícil, pero nos tenemos que poner un objetivo muy difícil".

En *No somos nadie*, **Radio Metro.**

"Yo creo que a Argentina le cuesta jugar con continuidad mental antes que física. No es una casualidad que yo no he hablado de un objetivo para este Mundial. Yo no soy de los que no da objetivos, si no lo hago hay un motivo. ¿El motivo cuál es? Que yo creo que este es un equipo en formación. No porque antes estos jugadores no hayan jugado en la formación, por lo menos es formación para el juego que quiero hacer yo. Hemos mejorado en la pelota alta, en la recepción negativa y, en general, en estos aspectos los números no son muy inferiores comparados con los equipos que nos ganan. Pero seguimos con problemas. El problema de ataque es un problema, el problema de la defensa es un problema. Este es un equipo, para mí, que todavía no ha dado el salto de calidad técnico-táctico desde ese punto de vista. Y, bueno, este Mundial nos va a indicar qué es lo que hay que seguir insistiendo para mejorar en el futuro. Pero es un problema de vieja data. Y es complejo, porque a veces el problema es uno, a veces el problema es otro, y hay que insistir individualmente, hablar con cada jugador, para mejorar eso".

Durante el Mundial 2014 en *DXTV Noticias*, **DeporTV.**

"El trabajo en equipo es un método, pero que incluye el mejoramiento individual. Yo no conozco grandes equipos de jugadores mediocres: conozco grandes equipos de grandes jugadores. Entonces, nosotros tenemos muy buenos jugadores y algunos grandes jugadores, que todos tienen que crecer un poco más: el grande tiene que ser más grande y el bueno tiene que ser muy bueno. Esta es la primera cosa. Y el método que usamos todos los entrenadores, yo uso el mío y otros usan otros, es en función de esto. En esta World League se ha visto a algunos jugadores, que ya estuvieron conmigo en una Olimpíada, consolidarse y jugar bien partidos difíciles. Esto es muy importante para nosotros. Se ha visto a jugadores que todavía ese salto no lo hicieron. Que no jugaron mal, pero todavía no hicieron un paso adelante y en eso estamos. Hoy, justamente, les hablaba de eso. Yo no creo en los métodos de entrenamiento que se basan en que los jugadores sigan lo que el entrenador les dice. Yo creo mucho en un método en el que el entrenador los ayuda a los jugadores a que crezcan solos".

En una conferencia de prensa antes de una etapa de la *World League* **en Córdoba.**

"Hay muchos tipos de aprendizaje, pero uno fundamental es el del feedback. Yo hago algo, por ejemplo aprender a usar un teléfono, y si no funciona, pruebo de otra manera. Tuve un feedback negativo. Y todos nos asombramos que los chicos aprenden a usar mecanismos, estos aparatos, de un modo increíble. En reali-

dad, ¿por qué aprenden tan rápido? Porque el *feedback* es clarísimo: si va, va, y si no va, no va. Es muy claro. No hay cuestiones humanas. En la educación, de cualquier cosa, es muy importante el *feedback* positivo y negativo. Es muy importante. Entonces, yo creo que el premio y la recompensa no tienen que ser que yo le doy un premio a la recompensa, sino que es el *feedback*: no funciona, cambiá; sí funciona, seguí".

En *99% La disciplina del éxito*, LA NACIÓN.

"*Nosotros tenemos que crear el feedback. O sea, si juegan un uno contra uno, hay un feedback de la eficacia. Si la pelota va afuera, va afuera. Yo veo entrenadores que dicen: 'No la tires afuera'. Ah, menos mal que está el profesor, porque si no el chico la tira afuera. Si no está el profesor que le dice que no la tira afuera, a él no le importa perder y la tira afuera. No es que la tira afuera porque no entiende: no le sale, que es diferente. Está el feedback de la eficacia, según el resultado de lo que hago, pero después está el feedback de la técnica. Que se puede tirar la pelota afuera porque se hizo la técnica mal o con una técnica perfecta, solo que con mucha fuerza. Los dos feedback, sea el de la eficacia o el de la técnica, yo tengo que tratar que los hagan solos. Cuando no pueden, que evidentemente habrá momentos en los que no puedan, yo intervengo con el feedback desde afuera. Pero no pensando que no entienden, sino que no les sale y yo tengo que ayudar a que les salga. Tengo que darles tiempo a que* se equivoquen, hagan *feedback* y vuelvan. Ahora, esto también paraliza mucho a los profes jóvenes, ya que les han enseñado en un Instituto que si se comete un error técnico, hay que evitarlo a toda costa porque se fija y no se cambia más. Esa idea es la que llevaba a hacer ejercicios analíticos. Si el error se fija apenas se hace mal, para evitar que se haga mal hago un ejercicio súper analítico, en el cual no puedan hacerlo mal porque es tan simple que mal no lo van a hacer. Pero el ser humano no aprende de esa manera: el ser humano aprende con *feedback* positivo y negativo.

"Nosotros tenemos que crear el *feedback*. Está el *feedback* de la eficacia, según el resultado de lo que hago, pero después está el *feedback* de la técnica. Los dos, yo tengo que tratar que los hagan solos".

¿Cómo aprenden los chicos a hacer todo? (…) ¿Cómo aprenden a hablar los chicos? Están un año y medio sin hablar y hablan todos menos ellos. Entonces, tienen una motivación extraordinaria. ¿Cómo hacen cuando empiezan a hablar? ¿No se equivocan? Sí que se equivocan. Y cuando se equivocan, la hermana mayor, el papá o el tío dicen 'Uh, mirá qué simpático cómo habla', porque lo dice a media lengua, medio mal. Todos se ríen, entonces el pibe piensa: 'Está bárbaro esto, voy a seguir hablando. Mirá cómo están todos contentos'. Y después no se le fija el error, no es que sigue hablando así a los 30. Cuando uno cambia estos paradigmas teóricos, después cambia también el modo. Si uno hace ejercicios en los que la técnica no es perfecta, dice 'Pero no lo estoy haciendo bien, porque acá hay *errores técnicos' y entonces interviene permanentemente, se hace un clima tenso y los pibes ya no lo escuchan. Claro, pero ¿dónde está el problema? Resulta que nunca les hizo ver en un video el gesto técnico bien hecho. Si el modelo técnico que tiene en la cabeza el chico, porque lo vio, es correcto y yo lo ayudo, esa combinación de cómo lo hace él, el modelo que tiene en la cabeza, mi corrección y su autocorrección lo va llevando a hacerlo mejor. Pero nosotros también tenemos que ser conscientes de que si se forman chicos que cuando van a la playa o a un campamento pueden participar en un partido de vóley, porque conocen las técnicas de base y tienen idea de lo que es defender en un campo, el trabajo está hecho. Y está hecho bárbaro. (...) No podemos pretender que los chicos jueguen al vóley como un equipo de divisiones inferiores de un club. Es imposible, aunque tengamos 20 chicos y diez pelotas. No se puede. Pero cuando van a la playa, que puedan jugar y ser parte de la sociabilidad. Después, a alguno le agarrará el 'bichito' del vóley como me agarró a mí, que jugaba al fútbol, al rugby y a todo".*

En una charla con docentes de "Cátedras de Vóley en profesorados de Educación Física".

"Los jugadores cambian rápidamente, bastante rápidamente. ¿Por qué? Porque son jóvenes. Yo creo mucho en la juventud, porque los jóvenes tienen una grandísima capacidad de adaptación y de cambio. Mucha mayor que nosotros, los adultos. ¿Por qué? Porque tienen todo por delante, todo por conquistar, y tienen el cerebro

fresco, elástico y todavía no se han consolidado en ciertas cosas que funcionan. Nosotros tendemos a hacer una cosa que funcione y esa es la verdad. El joven está abierto a todo, por eso yo siempre doy el ejemplo de que a ustedes les doy un teléfono o una computadora que nunca vieron, y en diez minutos la aprenden a usar. Yo tardo una semana y además me pongo nervioso y la termino odiando, porque me equivoco y no funciona. Entonces me pongo mal, porque no estoy acostumbrado a equivocarme, porque me construí un pequeño jardín en el que me manejo bien. Ustedes, en cambio, tienen esta capacidad de aprender rápidamente un montón de cosas. Los jugadores son iguales: tienen esta capacidad, por ser jóvenes, de cambiar, de aprender muy rápidamente. Por eso creo que es un gran privilegio el que yo tengo de trabajar con jóvenes".

En una charla en DeporTEA.

"Una vez, en un curso me preguntaron qué era jugar bien, y me di cuenta de que es difícil de explicar, así que empecé a estudiar ese tema. La primera cosa que pasa cuando uno está jugando es identificar la situación. Todo el mundo dice que es tener buena técnica, pero no es así: eso es una parte. Tengo que identificar la situación. Hay situaciones más difíciles y más fáciles, y según eso será el rol en el que se juega. El fútbol es el deporte más rico desde este punto de vista, porque hay oposición y se busca quitar la pelota. También sucede en el básquet, pero lo que tiene *el fútbol es que el campo es más grande y la cantidad de jugadores es mayor, entonces está la posibilidad de dar un pase de 40 metros y dejar a uno solo. En el básquet la cancha es más chiquita y bajan todos juntos. En el rugby está el tema del offside, que en el fútbol también, pero es más complejo y hay más limitaciones. Entonces, lo primero es identificar la situación. En milisegundos, el cerebro encuentra una solución para esa situación. ¿Cómo es que un pibe aprende a jugar al fútbol? No se puede ver, pero un chico hizo así y se chocó con el defensor. Una vez. La segunda, repitió el gesto y le pasó lo mismo. Y solo, como hacen todas las cosas los chicos, la tercera hizo así y se fue por el otro lado. Pero ¿por qué? 'Es innato', dicen. No es innato: eso es un entrenamiento. Que no haya un entrenador no quiere decir que no sea un entrenamiento".*

En *La llave del gol*, **FOX Sports.**

"Para jugar bien por supuesto que se necesita una buena mentalidad. Sobre todo, una mentalidad por parte de los jugadores que sea la de aprender constantemente. Y por parte nuestra también. La capacidad de aprender a veces se da por supuesta. O sea, se piensa que si una persona es inteligente, seguramente va a tener capacidad para aprender. No es así: hay personas muy inteligentes que no tienen una buena capacidad para aprender, o que tienen una buena capacidad en algunas cosas y en otras no, o que la tienen hasta un momento de

su vida y después la pierden. La capacidad de aprender es una capacidad en sí misma que va estimulada. Si los jugadores y nosotros, para actualizarnos, para aprender cosas nuevas para ellos, mantenemos una buena capacidad de aprendizaje, podemos seguir creciendo. Una vez, en un curso me preguntaron: 'Bueno, pero ¿qué es jugar bien?'. Yo empecé a balbucear, como que estaba claro. Pero no se sabe explicar qué es jugar bien. Porque no es solo la técnica: jugar bien es entender e interpretar la situación que se le presenta al jugador, elaborar una solución, y esto es actividad mental, y después hacerla bien. Y eso está condicionado por la motivación y por la condición física".

En una conferencia de prensa antes de una capacitación en el Club Universitario de La Plata.

"En Irán me encontré con un país en el que los jugadores tenían una buena técnica de base y una no tan buena técnica de juego. Yo hago esta diferencia, entre técnica de base y técnica de juego. La técnica de base es para cualquier situación, ¿no? Yo golpeo la pelota de abajo y golpeo bien, o golpeo de arriba y golpeo bien. Me acuerdo siempre de un profesor de básquet que tuve en educación física que nos decía: 'Bueno, la pelota se tira con el ángulo del codo, con la mano así'. Y después de que nos explicó todo nos dijo: 'Sí, esto en los tiros libres. Después, cuando tenemos alguien que nos marca, todos estos ángulos se modifican'. Entonces, esa es la técnica de base y las otras son las de juego. En el vóley pasa lo mismo: yo

ataco así, pero si tengo que eludir un bloqueo tengo que cambiar. Lo mismo en la recepción: no es que puedo recibir siempre adelante, después recibo lateralmente porque el saque me obliga a hacer eso. Bueno, los jugadores de Irán tenían una buena técnica de base y una no tan buena técnica de juego".

En una charla en DeporTEA.

"¿Quién dijo que el golpe de abajo principal es adelante del cuerpo? Alguien lo estableció arbitrariamente. Pero cuando uno ve un partido de cualquier nivel, sobre todo del primer nivel, son muchos más los golpes de abajo que son laterales al cuerpo y no adelante. Además, porque desde el punto de vista biomecánico es más fácil. Es como en el tenis si uno tiene que golpear delante del cuerpo o lateral, que es mucho más fácil lateral. El golpe de abajo lo tenemos que empezar de una forma, entonces lo empezamos adelante del cuerpo. Pero no es que sea 'la' técnica de abajo: es una de las técnicas del golpe de abajo. Ni qué hablar de la defensa, ni qué hablar del ataque. Nosotros tenemos que enseñar, seguramente a los profesores para que a su vez les enseñen a los alumnos, las técnicas de base, pero tenemos que aplicarlas lo antes posible en algún juego. Que no va a ser el voleibol inmediatamente. Pueden ser juegos propedéuticos, pero en los que se pueda aplicar y ya jugar con esa técnica de base. La técnica de base necesita de un grado de automatización. Yo tengo que automatizar la posición de las manos, no puedo

pensar cada vez. Es como cuando uno aprende a manejar y tiene que hacer los cambios. Si uno no tiene automatizados los cambios, no puede manejar tranquilo. Para automatizar cómo nos tomamos las manos en el golpe de abajo y que los brazos estén extendidos, la posición de las manos (hace el gesto de la técnica de armado) o el golpe de ataque, hay tres o cuatro cosas, sobre todo estas tres, que las tenemos que automatizar. Para eso, tenemos que hacer muchas repeticiones en poco tiempo.

"Nosotros tenemos que enseñar las técnicas de base, pero tenemos que aplicarlas lo antes posible en algún juego. La técnica de base necesita de un grado de automatización".

Cuando se trata de aplicar esa técnica al juego, surgen otras técnicas, que son las de juego. Un error que se comete muy seguido es corregir a los chicos cuando cometen un error en el juego porque no hacen la técnica de base. O sea, siempre el problema es que no hacen la técnica de base y no que no hacen técnicas de juego, que no son libres adaptaciones: son técnicas, solo que no son de base. Entonces, yo tengo que corregir en base a lo que realmente sucede, y no siempre esquemáticamente en la misma cosa. Por ejemplo, si en un uno contra uno un chico va a una pelota y hace un golpe de abajo como puede, la tira afuera y yo lo corrijo diciendo 'No, vos te tenés que desplazar, anticipar, llegar antes y golpear la pelota delante de la panza', el pibe no me va a decir nada porque sabe que yo soy el que sé, pero sabe que no puede llegar a tiempo. Yo le tengo que dar una solución para esa situación en la cual no llega tiempo: tengo *que ayudarlo a jugar. No puedo automatizar. Porque nosotros, por un lado, decimos teóricamente que el vóley es un deporte de situación, mientras que hay otro que no lo son. Por lo tanto, se necesitan técnicas abiertas, que no son iguales de una situación a la otra. No siempre es la misma técnica. No solo la situación es diferente, sino que la técnica también. En natación o atletismo, la técnica es siempre la misma. En el vóley, el fútbol o el básquet, no es siempre la misma y depende de la situación. Entonces, yo tengo que ayudar en ese sentido".*

En una charla con docentes de "Cátedras de Vóley en profesorados de Educación Física".

"Hay un concepto que me parece importante desarrollar, que es el de eficiencia. ¿A qué me refiero con esto? Cuando empecé a hacer estadística, que fue a mano en el Mundial 82, veía el ataque doble positivo (un remate perfecto) o positivo (un buen remate que sirve para ganar el punto) de los jugadores, la recepción doble positiva (le deja la pelota al armador en la mejor posición para preparar el remate) o positiva (le deja la pelota al armador en una buena posición) y el saque doble positivo (un ace) o positivo (los que le dificultan mucho la recepción al rival). Después lo seguí llevando a mano durante los primeros años en Italia, hasta que surgió Data Volley. Ahí me di cuenta de una cosa: los italianos, que lo hacen excesivamente y están del otro lado con respecto a nosotros, les dan mucha importancia a los errores. No les gustan los jugadores que erran mucho. Si va un extranjero

que es fuerte pero erra mucho, los 'tanos' dicen: 'Y, pero erra mucho'. A veces exageran, porque no ven capacidades que tiene ese jugador. Entonces, yo le propuse a Data Volley poner el modo automático, porque lo teníamos que hacer a mano al principio, de la eficiencia. ¿Qué es? Es una relación, que cualquiera puede cambiar la fórmula y no tiene que usar la que uso yo, entre los aciertos y los errores.

"Hay un concepto que me parece importante desarrollar, que es el de eficiencia. Es una relación entre los aciertos y los errores. La relación entre acierto y error es muy importante".

Doy un ejemplo. Un jugador atacó con el 60%, que es un partido extraordinario. Ahora, ese jugador tuvo 30% entre error y bloqueadas, así que tuvo 30% de eficiencia, que no está mal, porque si es un punta no está mal. Otro jugador tuvo el 50% de dobles positivos, el 10% menos, pero tuvo el 10% entre errores y bloqueos nada más, así que tuvo el 40% de eficiencia. ¿Quién jugó mejor? La relación entre acierto y error es muy importante. Sea que uno use el Data Volley, lo haga a mano o subjetivamente, hay que tener estas dos cosas en consideración. En consideración, lo cual no significa que a un chico joven que tiene la capacidad para atacar fuerte y es agresivo, lo volvamos loco todos los días diciéndole que no erre, porque después matamos la gallina de los huevos de oro. Tener en cuenta los errores no significa irle encima y decirle 'No te equivoques porque los errores y la eficiencia...', porque hay jugadores que para que desarrollen esa característica hay que dejarlos equivocarse. Pero cuando vamos a analizar *equipos de grandes que ya se han consolidado, es importante esta relación. Y ver por qué surge esta relación.*

"En el análisis, esta relación es importante. Y ver por qué surge el error, que no siempre es técnico. Tiene que ver con algo que he sintetizado en la sigla IER: Interpretar la situación, Elaborar una solución y Realizarla técnicamente".

Tiene que ver con algo que he sintetizado en la sigla IER: el jugador Interpreta la situación, que significa leerla o interpretarla según la dificultad que tenga, que en un saque uno lee la trayectoria de la pelota, mientras que una situación de defensa la tiene que interpretar porque hay más elementos; Elabora una solución para esa situación, no para otra, y la Realiza técnicamente. Muchas veces los errores no son producto solo de la técnica de la realización, sino que son producto de que no se identificó la situación o de que la solución que se encontró fue equivocada. En síntesis: enseñar esto, que creo que tendría que estar lo más presente posible en todas las ejercitaciones, significa enseñar a jugar. Que no es enseñar solo las técnicas: es enseñar a jugar. El otro concepto que creo importante es que hay técnicas de base y técnicas de juego. Ahí también me gustaría que seamos más conceptuales, porque a veces se dice 'las técnicas' y lo otro son recursos o gestión. Hay técnicas de base y técnicas de juego. Si un jugador recibe una pelota lateral levantando la pierna, no es un recurso: es una técnica, usada por muchos jugadores. ¿Por qué no dan un paso atrás? Porque están en la primera línea y, si no, llegan tarde a atacar la pelota. Levantan la pierna para rotar mejor la cadera y los hombros. ¿Quién dijo que está mal? Es una técnica de juego, que no es una técnica de base. ¿La voy a enseñar en mini vóley? No, no la voy a enseñar. Pero tampoco le voy a decir a un chico que está mal si la hace, porque si pone bien los hombros está bien que la haga. Yo le voy a enseñar más la otra, que se desplace, etcétera, y después le voy a ir enseñando la otra también. ¿Cuál es la técnica de la defensa? ¿Por qué una mano sola acá arriba no? ¿Y con el pecho o un codo? ¿Por qué no? Son técnicas de juego de acuerdo a cómo se presenta la situación. No manejar estas dos cosas lleva al error.

"En el vóley hay que crear una cultura de la precisión, siempre incentivando la agresividad. Siempre les digo a los jugadores que no resolvemos el error en ataque tocando despacio, sino interpretando bien cuál es la situación".

Yo creo que nos haría bien, repito que sin matar la gallina de los huevos de oro, desarrollar más la cultura de la precisión. De la precisión nuestra, en los conceptos. De los jugadores, en los errores. De la precisión en las técnicas, en el resultado de la técnica. Y no ver tanto el talento en los que tiran caños. Porque si un jugador levanta un primer tiempo con un golpe de abajo de espaldas o levanta un primer tiempo desde la rodilla, es un talento. Y el otro, que no hace eso porque no es capaz o porque no quiere, pero hace jugar al equipo muy bien, ese parece ser un correcto, ese hace lo que le dicen. No es que hace lo que le dicen: es su característica. Pero es preciso, desmarca, juega bien y sabe a quién darle la pelota. Ahora, si después tenemos eso y además cada tanto se hace una jugada creativa, *en el sentido de que nadie se la espera y por lo tanto rinde, mejor. Pero si por hacer esa jugada la cantidad de errores supera a la cantidad de aciertos, eso es jugar a la pelota y no al fútbol. O sea, es muy habilidoso y con la pelota hace lo que quiere, pero no juega bien al fútbol, que es otra cosa. En el vóley, que encima es un deporte de precisión, hay que crear una cultura de la precisión, siempre incentivando la agresividad. Porque yo siempre les digo a los jugadores que no resolvemos el error en ataque tocando o atacando despacio, sino interpretando bien cuál es la situación".*

En el simposio de entrenadores argentinos "Juntos x el vóley".

"Es muy difícil enseñar vóley. Es muy difícil jugar al vóley, sobre todo a ciertas edades. Hay una tendencia muy fuerte de empezar con los chicos lo antes que se pueda, con el vóley y con todos los deportes. En realidad, esa tendencia que hay es más por un problema de marketing que de metodología. O sea, de pensar 'Si no lo agarro yo, se lo llevan el básquet, el handball o la PlayStation'. Entonces se buscan chicos cada vez más chicos, pero con una gran dificultad para enseñar ciertas cosas. En particular, el ataque. Es decir: la coordinación de espacio, tiempo y pelota. Algo que no pasa solamente en el vóley: si ustedes van a ver un partido o un entrenamiento de básquet de chicos de nueve o diez años, van a ver que en los rebotes, cuando la pelota pega en el tablero y en el aro y vuelve, solo los jugadores muy dotados saltan y se

coordinan para agarrar la pelota en el aire en el tiempo justo. La mayoría la espera, sin saltar, y después la agarra. Eso en el básquet puede pasar, en el sentido de que igual se puede jugar bien a esa edad. Pero en el vóley, atacar sin la capacidad de coordinarse en el tiempo es muy difícil. Si a esto sumamos que para un adulto es muy difícil atacar cuando la levantada no es precisa, imaginémonos los chicos, que ya tienen el problema de coordinación, con una levantada que viene acá, allá y lejos o cerca de la red. Entonces, nosotros tenemos la dificultad de poder llegar a la jugada que todos los chicos quieren hacer. Esta es la gran dificultad del vóley. También pasa en el resto de las cosas, como al recibir un saque o levantar, pero la más complicada es la que más gusta. El tenis, el tenis de mesa y el vóley son los tres deportes de rebote más populares. Al ser de rebote, no hay posibilidad de corregir el error como en otros deportes. En el tenis, por lo menos no la tengo que pasar por un compañero y no tengo que calcular, alcanza con pasarla del otro lado y ya estoy jugando.

"Se buscan chicos cada vez más chicos, pero con una gran dificultad para enseñar ciertas cosas. En particular, el ataque. Es decir: la coordinación de espacio, tiempo y pelota".

No es para poner nervioso a nadie, sino al contrario: para tranquilizar. Cuando sabemos que una tarea es difícil, si no nos sale bien de entrada, tampoco nos vamos a deprimir. Es más complicado, yo creo, si algunas cosas no se tienen muy claras. La primera, que creo que es un error metodológico bastante común entre los entrenadores, en los cursos y en todos lados, es dar demasiada información. Querer hacer demasiadas cosas. (...) Lo primero, si queremos simplificar, es que hay que hacer pocas cosas que se logren hacer bien y que permitan jugar lo antes posible. Pero no porque, como se dice muchas veces, los chicos se quieren divertir. No, no es porque se quieren divertir: hay que jugar porque no tendría sentido hacer otra cosa. Es un juego el vóley, entonces hay que enseñar a jugar. Está claro que para jugar se necesitan algunas herramientas técnicas. Si no, no se puede jugar. Pero hay que empezar a pensar desde el juego. O sea, si yo no tengo en mi cabeza un modelo visivo, como una película, concreto, de qué es lo que sucede, y específico, de qué es lo que sucede en cada posición del campo y cuando viene la pelota, estoy perdido y no sé lo que estoy haciendo. Es como si yo enseñara a tocar la guitarra y no tuviera el objetivo de tocar una canción. (...) Yo tuve al profesor Juan Carlos Enseñat en el Instituto de Buenos Aires. Me acuerdo muy bien que él enseñaba pocas cosas, pero en esas pocas insistía mucho en que los alumnos las supieran hacer. Hacer, no entender. Entender también, pero hacer. Es muy difícil enseñar a tocar la guitarra, si uno no sabe tocar la guitarra. Es más, creo que es imposible. O enseñar inglés si uno no sabe enseñar inglés. Esto no significa que tienen que haber sido jugadores de vóley, pero cuando uno hace la experiencia práctica de lo mismo que va a enseñar, después se siente seguro al enseñar eso. Porque no solamente sé los pasos que hay que seguir, sino que lo hice personalmente y lo viví. (...) Entonces, el punto uno es enseñar pocas cosas, y el dos, insistir en la experiencia práctica de esas pocas cosas que queremos enseñarles a nuestros alumnos.

"Es más complicado si algunas cosas no se tienen muy claras. El punto uno es enseñar pocas cosas, y el dos, insistir en la experiencia práctica de esas pocas cosas que queremos enseñar".

El tercer punto, que para mí es muy importante, es el tema metodológico. Hay una gran confusión desde hace muchos años sobre el tema de la motricidad. Yo me doy cuenta de que cuando toco este tema pongo en crisis un montón de paradigmas absolutamente consolidados. Sobre todo el que dice que hay que crear una base motriz muy grande, muy vasta, para después construir las motricidades más específicas, que son los deportes. El cerebro no funciona de esta manera. No es así que sucede, aunque hace tantos años que 'es así'. Doy dos o tres ejemplos. ¿Los chicos crean motricidades precedentes para poder tener la motricidad de saber escribir o hacer un número? ¿La mano hace motricidades antes de aprender a escribir, o agarran la lapicera y empiezan con la 'A', con la 'M', con 'Mamá' o con el '1' o el '2'? ¿Los chicos hacen motricidades que les permitan aprender a andar en bicicleta, o agarran la bicicleta, van probando, haciendo feedback y aprenden a andar en bicicleta? Yo creo que si nosotros queremos enseñar estas pocas cosas precisas del vóley, tenemos que ir directo al punto y enseñar esas cosas del vóley. Sin ningún, absolutamente ningún, ejercicio que prepare para hacer eso. Directamente. ¿Tiene que hacer golpe de arriba? Hacé golpe de arriba. Si no, no se llega nunca y se hace todavía más complicado.

"El tercer punto, que para mí es muy importante, es el tema metodológico. Hay

una gran confusión desde hace muchos años sobre el tema de la motricidad. Si nosotros queremos enseñar pocas cosas precisas del vóley, tenemos que ir directo al punto y enseñar esas cosas de vóley".

La cuarta se refiere a que en la enseñanza es muy importante el tema del lenguaje. Y hay dos cuestiones en el tema del lenguaje. Una, que nosotros deberíamos, que yo lo vengo haciendo desde hace años, de cada cosa que debemos enseñar, hacer no más de cinco conceptos o palabras clave que nos permitan enseñar. Hay que evitar las explicaciones largas, sobre todo cuando tenemos tan poco tiempo. Entonces, hay que usar conceptos breves que sean claros en lo que se quiere decir. Pongamos un ejemplo. Si yo tengo que explicar el golpe de arriba, ¿qué conceptos puedo usar para que sea claro? Si ellos no vieron nunca un golpe de arriba, es muy complicado. Hay un tema que es precedente a estos conceptos clave, que es que el lenguaje del deporte y del movimiento en general no es el verbal: el lenguaje principal es la imagen. Si yo quiero enseñarle a un chico qué es un golpe de arriba, le tengo que mostrar el golpe de arriba. No lo sé hacer bien, me duele o no tengo ganas, pero no lo hago yo, usemos la tecnología. ¿Es muy difícil crear una carpeta con las técnicas básicas de vóley para mandar por teléfono? La imagen enseña mucho más que las palabras. Es muy claro: tengo que hacer esto que estoy viendo acá. Después, con los conceptos voy a aclarar esa imagen y les voy a enseñar a analizarla para que puedan ver las partes. Pero primero tengo que mostrarlo. (...) Las neuronas espejo son un descubrimiento que ha hecho un grupo de científicos italianos, en el que se ha demostrado que cuando una persona ve hacer a otra algo que conoce, que si es algo que desconoce totalmente no ocurre, se activan en el cerebro las mismas áreas que activa el que la está haciendo. Es un descubrimiento que para la metodología de la enseñanza del deporte es absolutamente revolucionario y fundamental. Nosotros podemos hacer en los chicos, sobre todo cuando ya empiezan a conocer las técnicas, que miren partidos, que miren técnicas solas, etcétera, para que activen las zonas del cerebro como si las estuvieran haciendo.

"La cuarta se refiere a que en la enseñanza es muy importante el tema del lenguaje. Y hay dos cuestiones en el tema del lenguaje. Una, hacer no más de cinco conceptos o palabras clave que nos permitan enseñar. Luego, que el lenguaje del deporte y del movimiento en general no es el verbal: es la imagen".

El último concepto es: ¿qué es lo que ocurre en el cerebro de un chico, o de nosotros mismos cuando practicamos otro deporte, al jugar? Cuando jugamos al fútbol, ¿cómo es esta magia de que nosotros entendemos cuán rápido hay que correr para recibir un pase? ¿Cómo es que el cerebro logra analizar la velocidad del pase del compañero con la distancia y con la velocidad que debo tener para recibir ese pase? Parece magia. Juego al tenis de mesa, me tiran una pelota rápida a la derecha y yo llego con la paleta. ¿Quién dio la orden de mandar ahí la mano o de correr más rápido? El cerebro. Ahora, ¿cómo es que ocurre esto? Esto ocurre porque el cerebro va aprendiendo, a medida que vive situaciones concretas, a interpretar la situación. Interpreta lo que pasa. Lee la trayectoria de la pelota, reconoce una situación que ya ha visto muchas veces o interpreta una situación más compleja. A medida que uno practica, esto se va desarrollando cada vez más. Pero ¿cómo es que el jugador interpreta? El jugador no interpreta con conceptos. Uno no está pensando: 'Ah, tengo que correr más rápido porque el pase viene rápido'. Lo hace eyectado. Porque son procesos racionales inconscientes. Como la intuición, que es un proceso racional inconsciente.

"El último concepto es: ¿qué es lo que ocurre en el cerebro de un chico al jugar? ¿Cómo es que el cerebro logra analizar la velocidad del pase del compañero con la distancia y con la velocidad que hay que tener para recibir ese pase? El cerebro va aprendiendo, a medida que vive situaciones concretas, a interpretar la situación".

Eso es lo primero que hace un chico. Es mejor enseñarle a hacer eso ya cuando juega un uno contra uno, diciéndole palabras muy simples como: 'Ojo que puede ser corta', 'Atento a la corta y atento a la larga' o 'Apenas sale la pelota de la mano del adversario, tenés que entender si va corta o va larga'. Lo hacen solos también, pero los podemos ayudar. ¿Qué hace segundo el chico cuando juega? En milésimas de segundo, porque en milésimas de segundo lo interpreta. Lo que hace es buscar una solución en su memoria motriz. Si no la tiene, pasa como cuando un software no tiene un archivo: busca, busca y busca hasta que sale un cartel que dice que no está. Si no la tiene, es porque nunca la hizo y no encuentra la solución. A veces, crea una solución en el momento. Entonces, la segunda cosa es *elaborar una solución. La tercera es hacerlo bien técnicamente. Nosotros, cuando vemos a los chicos jugar, vemos siempre la técnica, porque es lo que se ve. Las otras dos partes no se ven, y por ahí en un chico no es que el problema es técnico solamente, sino que no leyó la pelota en tiempo. O sí la leyó, pero después no encontró o no tiene solución. Ahí nosotros podemos ayudarlo diciendo 'En estos casos, podés hacer esto', además de enseñar la técnica. Entonces, son las tres cosas las que tenemos que enseñar. Este proceso está muy influenciado por la condición física. No solamente por una lesión, sino que hay chicos que son lentos, hay chicos que son gordos, hay chicos que tienen pie plano y se desplazan más lento, y hay chicos que no ven bien, por ejemplo. O tienen un dolor. Entonces, la parte física condiciona este proceso. Pero hay otra parte que condiciona, que es muy importante, que es la parte emotiva. Si el profesor levanta la voz o si lo trata mal. La parte emotiva es fundamental. El que está aprendiendo tiene que sentir la confianza del que le está enseñando. Decir: 'Vos vas a poder. No te voy a regalar nada, si no lo hacés te aplazo, pero vos vas a podés. Si te aplicás, vas a poder'".*

En una charla con docentes de "Cátedras de Vóley en profesorados de Educación Física".

"Yo creo que, tratándose de gente joven, es un doble error (que jueguen muchos partidos por año, con pocos entrenamientos). Desde el punto de vista deportivo, porque cuando jugás usás lo que hacés mejor. Y si no entrenás, nunca vas a

desarrollar lo que hacés peor. Porque eso es lo que se hace en el entrenamiento. Yo les digo a los jugadores: 'Vos tenés este golpe diagonal bueno. Ahora, cuando entrenamos, que no hacemos ejercicios por puntos porque entiendo que cuando te ponemos puntaje quieras ganar, usá la paralela'. Para eso se necesita entrenar. Jugando, usás la pelota que te rinde más. Este es el motivo deportivo por el cual se requiere entrenar. Hay un motivo fisiológico, digamos, que es que el ser humano puede hacer algo con mucha intensidad si el tiempo es breve y hay recuperación. Si el tiempo es largo y no hay recuperación, lo que hace es bajar la intensidad. Si van a jugar tantos partidos, hacen lo peor: adaptarse al volumen. Entonces, bajan la intensidad y juegan. Pero no juegan a mil, porque no pueden jugar a mil porque se dan cuenta de que no llegan. Ahí el cerebro está registrando, haciendo memoria de movimientos, de intensidad, de modos de enfrentar el juego que son del etéreo, porque no son de máxima intensidad. Son de media, porque se adapta para no lesionarse. Porque la alternativa es lesionarse: si van a mil siempre, se lesionan. Para no lesionarse, bajan el ritmo.

"Cuando jugás, usás lo que hacés mejor. Y si no entrenás, nunca vas a desarrollar lo que hacés peor. Porque eso es lo que se hace en el entrenamiento".

Y, además, los pibes cuando son jóvenes necesitan, también, 'boludear' un poquito. De repente, hablar con amigos, una chica, leer un libro, escuchar un disco. Son pibes. Por eso yo insisto con lo de no motivar con las propias motivaciones. Vos (Sergio Hernández), yo, el Chapa (Retegui) y tantos otros, llegamos donde llegamos porque somos unos locos de la guerra. Es así. Que sí, hacemos las cosas de la vida, pero es vóley, básquet, hockey y dale. Y te vas de vacaciones, estás en la playa y algo mirás, medio a escondidas. Ahora, vos no podés pretender tener todo un equipo de locos de la guerra y desde chicos. No son todos locos de la guerra. A algunos les gusta jugar al vóley, al básquet, al hockey o al fútbol, pero no son locos de la guerra. Entonces, hay que dejarles el tiempo. Después, la selección viene sola. Yo siempre digo: '¿Por qué se preocupan tanto por el gran campeón? El gran campeón surge aunque le martilles los dedos todas las semanas. Llega igual'. Preocupémonos por los otros. Si tenemos muchos, el campeón se ve enseguida. Ahora, cuando surge un campeoncito que tiene 16 o 17 años, lo hacen jugar en cualquier lado y ahí es donde lo quemamos. Además, ¿por qué creemos que el volumen es tan importante? Lo más importante es la calidad".

En *Entrenadores*, **DeporTV.**

"Habiendo muchos jugadores que juegan en Argentina, el crecimiento de la Liga ayuda al crecimiento de la selección. Porque si el deportista juega por siete o seis meses en un nivel más alto, aprende más. El jugador aprende en los partidos, no solamente en el entrenamiento. Jugando aprende. Si el adversario le crea dificultades muy altas, el jugador de calidad aprende porque interpreta esas situaciones, busca soluciones y las hace bien. Esa operación que hace su cerebro contra adversarios mejores, lo hace

crecer. Es muy importante para mí, como entrenador de la selección, que la Liga mejore. Este es uno de los motivos por los cuales también trabajamos con un grupo B: para tener deportistas para jugar torneos internacionales, pero también para mejorar una Liga que, si no, no tendría un entrenamiento de ese nivel o partidos a ese nivel".

En una charla en DeporTEA.

CAPÍTULO 4

JUEGO EN EQUIPO

A diferencia de las actividades individuales, como el tenis, el atletismo o la natación, por ejemplo, los deportes de equipo no solo se componen del rendimiento personal, sino también de la coordinación y de los esfuerzos de un grupo. Aparte de buscar el desarrollo y la mejor versión de cada jugador, es necesario que todos estén en la misma sintonía para potenciar al colectivo. Desde la definición de una idea, la transmisión a sus integrantes y la puesta en escena, la construcción de un conjunto apunta a unir las piezas bajo las mismas pautas y conductas.

Remarcando la importancia de las funciones y los roles, rechazando la supuesta oposición entre un sistema y las individualidades y definiendo qué diferencia a los buenos de los malos equipos, Velasco se ha encargado de clarificar varios puntos sobre este proceso.

"Yo creo mucho en el juego de equipo, creo que (la selección argentina) puede llegar a mejorar mucho en la medida en que cada uno cumpla su función en el equipo. Por cada uno digo la dirigencia, los sponsors, los periodistas, los jugadores, que es la parte esencial de un deporte y siempre son los que juegan. Un entrenador no es otra cosa que alguien que convence a los jugadores de hacer ciertas cosas, pero nunca hace nada. Yo no hago nada. Hago que los otros hagan, en el mejor de los casos. Si cada uno cumple su función bien creo que se puede mejorar, pero siempre y cuando nos acordemos que también están los adversarios. O sea que mientras nosotros trabajamos bien, también hay otros que trabajan bien. Y después hay que medirse y vamos a ver dónde podemos llegar. Pero si creemos que simplemente porque hacemos las cosas bien vamos a llegar porque somos el pueblo elegido de Dios, ahí se complica".

En Radio Del Plata.

"Otra cosa que me parece que se entiende poco es lo que es un equipo. O sea, un equipo no es solamente gente que patea para el mismo. Un equipo no solamente es de roles, que obviamente tienen que ser muy claros, sino que también se basa en la complementariedad. Si hay una cosa que tienen los grandes jugadores, desde Maradona, Messi, y (Michel) Platini, hasta el que uno quiera, es que siempre han reconocido la

importancia de los futbolistas que jugaban al lado de ellos que corrían, metían la pata y hacían faltas por ellos. Siempre la han tenido clara, porque saben perfectamente bien que se les complica si tienen todos como ellos. Necesitan otros de otras características para que el juego funcione. Aparte, los jugadores (de la selección argentina) llegan de afuera, que están jugando la definición de los campeonatos en Europa, se toman un avión, viajan un día entero, llegan, descansan un poquito, hacen un entrenamiento y salen a la cancha. Y encima la gente por ahí los trata mal. 'Ah, pero ganan mucha plata', dicen. Pero ¿qué tiene que ver? No es que una persona por ganar más plata va a hacer las cosas mejor o peor. No pasa por ahí. La plata es porque no hay muchos Messi y entonces, si hay uno solo, ese gana muchísimo".

En Radio Brisas.

"Hay veces que formar un equipo es más fácil y hay veces que es más difícil. Para empezar, formar un equipo es más o menos fácil, pero formar un buen equipo es muy difícil. Porque el primer ingrediente es tener buenos jugadores y eso no siempre es fácil, sobre todo cuando uno es entrenador de un club que no es rico o de una selección de un país que no tiene muchos jugadores del deporte. Formar un equipo implica entender lo que es un equipo, que es lo más difícil. En general se tiende a creer que un equipo es la suma de grandes o

buenos jugadores. Y no es así. Justamente, la característica del equipo es que tenga un objetivo, obviamente, y que tenga un modo de jugar, pero lo que lo define son los roles.

"Se tiende a creer que un equipo es la suma de grandes o buenos jugadores. Y no es así. La característica del equipo es que tenga un objetivo y un modo de jugar, pero lo que lo define son los roles".

Si uno lo compara con un grupo de chicos jugando al fútbol, ellos no juegan al fútbol: juegan a la pelota, porque van todos atrás de la pelota. El método de juego es: la agarro y la tengo yo hasta que me la sacan. Así juegan los chiquitos. Si un papá quiere empezar a ser entrenador de fútbol, lo primero que hace es definir: 'Ustedes juegan atrás, ustedes juegan en el medio y ustedes juegan adelante'. (...) Después hay que darles un método. 'No la podés tener hasta que la perdés, pasala', dice el entrenador. ¿A quién?, ¿cómo? Y ahí se empieza a armar el equipo. Cuando uno empieza a dar roles viene el tema de la complementariedad. La pregunta que siempre se hace: ¿diez Maradonas y un buen arquero es el mejor equipo posible? No. Y no es casual que todos los grandísimos jugadores siempre valoraron a los que no eran como ellos, porque sabían que necesitaban de ellos para poder ser lo que eran. Alguien que corriera, que metiera, que los protegiera incluso. El equipo se basa en que jueguen personas y jugadores diferentes, y que por esa diferencia funcionen bien. Esta es la clave del equipo. A veces es difícil, sobre todo en ambientes como el fútbol en el que todos opinan, todos saben y la opinión pública genera una presión enorme.

"El equipo se basa en que jueguen personas y jugadores diferentes, y que por esa diferencia funcionen bien. Esta es la clave del equipo".

'¿Cómo no juega ese?', se dice. A veces, ese, que es bueno, no juega porque en su puesto juega uno mejor. 'Bueno, agregalo de cualquier manera porque es muy bueno', piden. Y no funciona agregado de cualquier manera. Al lado tiene que jugar otro que por ahí no es tan bueno con la pelota, pero que es mejor en otras cosas. Y eso es difícil. Yo creo que la gente no lo tiene porque la gente juega a la pelota. Todos creemos tener experiencia de jugar al fútbol, pero todos hemos jugado a la pelota y al fútbol han jugado muy pocos, los profesionales y los que han jugado en divisiones inferiores. Los demás jugamos más o menos a la pelota, un poquito más ordenados, más como equipo de fútbol, pero la relación principal es entre la pelota y yo, no es mis compañeros y yo o el espacio y yo. Entonces, muchas veces juzgan a los entrenadores como si se jugara a la pelota. Y esto pasa en todos los deportes. En el fútbol más, pero pasa en todos los deportes".

En *La llave del gol*, **FOX Sports.**

"*Las palabras 'selección nacional', que son nuestras, no ayudan, digamos así, a la idea correcta. Porque un equipo no está hecho con los mejores jugadores en abstracto: está hecho con los mejores jugadores para el juego que tienen que hacer, para el rol que tienen que cumplir. A veces un suplente es mejor que sea un poco inferior, pero que esté contentísimo de ser suplente, y no uno que sea casi igual al titular, pero que esté mal y que no hace nada incorrecto, no se porta mal y no hace nada contra el equipo, pero la cara lo vende: no está contento. Entonces, termina siendo una mochila para el equipo. Porque los compañeros se le acercan y le dicen '¿Qué te pasa?, ¿estás mal?' y le pasan la mano por la cabeza. Y en lugar de estar pensando en 'Vamos a ganar' están 'Uy, ¿cómo estará Juancito? Está mal'. Una selección tiene que estar formada como cualquier equipo: para jugar este juego, en estos roles y con estas responsabilidades. Pero, claro, la presión de una selección es enorme porque ¿cómo no va a estar fulano, si es buenísimo? Y nadie dice que no es buenísimo, pero ¿es buenísimo para este rol que tiene que desarrollar acá o no? Una cosa es hacer un equipo con las figuritas y otra cosa es ponerlo en el campo. Son dos cosas diferentes*".

En Radio Brisas.

"Por más que se tenga al mejor jugador del mundo, hay que tener concepción de equipo. Absolutamente. No es que no se pueda negociar: es que el equipo, el sistema de juego que tiene un equipo, se adapta, justamente, a los jugadores que tiene. Entonces, si tiene al mejor del mundo, debe tener un sistema que funcione bien para que el mejor del mundo pueda hacer de mejor. De eso se trata. Los sistemas no son rígidos y, además, permiten resolver las situaciones que se presentan normalmente, las situaciones estándar del juego. Después, cuando el adversario rompe tu sistema, necesitás la gran jugada individual que a su vez contrarreste al adversario. Esto es como el tráfico. El tráfico es un sistema en donde está establecido quién puede pasar, dónde, cuándo se para y cuándo no se para. Si no estuviera eso, sería imposible, un desastre. Ahora, si de repente a un tipo le viene un infarto delante o enfrente de mí y el auto se le bandea, si yo tengo la capacidad para esquivarlo me salvo, y si no la tengo, no me salvo. Yo prefiero las dos cosas: el sistema y la capacidad individual. Yo estimulo mucho que el jugador sea creativo para cuando el sistema no tenga respuesta, pero entreno que el equipo juegue como equipo. Porque el sistema tiene una cosa que es como el tráfico: no tenés que pensar en cosas que no son tan importantes porque funciona el sistema. Entonces, tenés la mente más libre para la creación. Ahora, si se confunde creatividad con capacidad de manejarse en el caos, es otra cosa. El que vive en el caos tiene capacidad para manejarse en el caos, y el que vive en el orden tiene capacidad para manejarse en el orden".

En *Animales sueltos*, **América.**

"Nos acostumbramos a que haya una regla y no decir 'No la voy a cumplir', pero después no lo hago. Entonces, es complicado. Porque todo es depende. Tendemos a encontrar la excepción donde una regla es injusta. Es decir: apenas aparece un caso en el que esa regla es injusta, invalidamos la regla. Ahora, es matemática la excepción: no hay sistema posible sin excepciones. Resulta que si pensamos que esa regla es buena, la aplicamos. Y, bueno, habrá un caso en el que es injusta".

En *No somos nadie*, **Radio Metro.**

"Hay temas de cómo jugamos. Yo creo que en Argentina tenemos grandes virtudes, como es el hecho de que los jugadores trabajan con ganas. Yo nunca me tuve que enojar en estos tres años para que los chicos trabajaran, cosa que sí me ha pasado en otros países. Están muy motivados, tienen ganas, no le esquivan el bulto al trabajo duro. Pero tenemos que crecer en cuanto al uso de sistemas y de métodos, en lo que el contexto del país no ayuda. Si uno se pone a pensar, uno necesita un plomero y empieza a llamar a los amigos hasta que encuentra uno que dice: 'Este es un fenómeno'. O sea, el plomero que hace bien su trabajo es un fenómeno y los demás son un desastre. Si hubiera más método y más sistema, todos los plomeros resolverían las cosas y después estaría uno que es un fenómeno. Pero nosotros pasamos del que es un fenómeno

al que nos inunda la casa. Y así pasa con todo: con el médico, con el restaurante, con la pizzería. La media no sabemos cuál es, porque nos la pasamos siempre eligiendo entre el fenómeno y el mediocre. Justamente, lo que pasa cuando se usa un sistema y un método es que el que no es un fenómeno igual tiene una buena eficiencia. Nosotros vemos mucho el sistema como lo que ahoga la individualidad. En cambio, el sistema hace que uno no tenga que pensar en cosas todo el tiempo porque el sistema lo resuelve, porque está automatizado, porque está mecanizado, de manera tal de poner la creatividad y la capacidad individual a resolver las cosas que el sistema no puede resolver.

"Lo que pasa cuando se usa un sistema y se usa un método es que el que no es un fenómeno igual tiene una buena eficiencia. Hace que uno no tenga que pensar en cosas todo el tiempo porque el sistema lo resuelve".

Porque el sistema no puede resolver todo, y ahí es donde tiene que estar la creatividad del jugador. Si, en cambio, el jugador tiene que estar pensando todo, cuesta mucho. Después dicen: 'Nos cuesta jugar contra los europeos'. Pero no nos cuesta solo porque son más altos y más potentes: también nos cuesta porque ellos tienen más facilidad para aplicar alguno de estos sistemas y, entonces, hay cosas que parecen fáciles cuando en realidad son complejas. Son fáciles porque funciona el sistema. Y ahí nosotros tenemos que insistir y hacer crecer a los chicos en esto. Yo les pongo ejemplos cuando me dicen: 'Bueno, pero nuestra característica es

la creatividad'. Está bien, pongamos un ejemplo: las orquestas de tango. ¿Son muy nuestras? Sí. ¿Son creativas? Sí. ¿Desafinan? No. ¿Saben cuándo entrar en el tiempo justo y cuándo se tiene que dejar de tocar porque toca otro sector de la orquesta? Sí. Eso es sistema, no es que lo improvisan. Saben cuándo para uno y cuándo va el otro. Entonces, no tiene nada que ver con la creatividad, con lo nuestro. Nada que ver. Tiene que ver con la eficiencia, con hacer las cosas bien".

En Radio Brisas.

"Lo hablo incluso con los jugadores, que les digo: 'Ustedes son buenos, tienen una gran capacidad de improvisación, etcétera, pero les cuesta jugar con un sistema'. Les cuesta jugar con un sistema de juego. El sistema, ¿qué cosa es? Es un sistema de reglas. Entonces, hay que llamar siempre la pelota. 'No, pero no hay problema. Yo me doy cuenta', dicen. Siempre. Hay que llamarla siempre. 99 veces no sirve, pero una sí. Nosotros en los Juegos Olímpicos le levantamos una pelota a un jugador que estaba caído, y la pelota se cayó. Esa vez no la llamamos. Si la llamamos siempre, eso no pasa. En todas las demás se dan cuenta solos, porque son jugadores buenos e inteligentes, pero esa vez no. Es como se maneja el sistema del tránsito, que es típico como un sistema. Si se respetan las reglas, yo llego relajado a trabajar. Si no se respetan y tengo que estar

con los cinco sentidos, yo llego muerto. Cuando llego ya estoy cansado. Por lo tanto, produzco menos y necesito ir a tomarme un cafecito porque ya llegué cansado del viaje. Entonces, es todo una pelota de nieve que crece".

En *No somos nadie,* **Radio Metro.**

"El jugador argentino tiene una buena capacidad para interpretar, para resolver, pero le cuesta jugar dentro de un sistema. Lo has sintetizado perfectamente (por el comentario de Sergio Hernández, que dijo: 'Porque tiene el concepto de que el orden atenta contra la creatividad, y es todo lo contrario'.). Esa es la idea. Si hay ciertas cosas que yo no tengo que pensar, tengo más tiempo para crear. El tráfico es un sistema, donde tenemos que ir a la derecha, en el rojo hay que parar y en el verde hay que avanzar. Ahora, si el sistema no funciona bien porque hay gente que no lo respeta, yo voy mirando todo. Porque sí, está verde, pero no paso así sin nada, porque el piecito en el freno lo pongo por las dudas y miro a ver si alguno pasa en rojo. Entonces, uno llega a trabajar después de una hora y cuarto y está muerto. En el juego pasa lo mismo: hay cosas que tenemos que tener así, simples, porque el sistema nos da la solución y no necesitamos poner energía nuestra.

"En el juego hay cosas que tenemos que tener así, simples, porque el sistema nos da la solución y no necesitamos poner energía nuestra".

Ahora, hay muchas situaciones en las que el sistema no tiene respuestas porque el juego, justamente, es rico y cuanto más se levanta el nivel, menos respuestas da el sistema. Porque están los grandes jugadores que te quiebran los sistemas, que ahí es donde necesitamos grandes jugadores que den una respuesta individual y solucionen esa situación. Yo les doy muchos ejemplos del deporte cuando me dicen 'Bueno, pero la creatividad' o 'Bueno, pero los alemanes, que son rígidos...'. Tanto que una vez a un grupo de napolitanos que hablaban así de los alemanes les dije: '¿Queremos hacer una lista de lo que crearon los alemanes? Lo primero que se nos viene a la cabeza. Del Marxismo al psicoanálisis, desde Beethoven a la filosofía'. ¿Por qué se confunde la capacidad de vivir en el despelote con creatividad? Son dos cosas diferentes. Nosotros tenemos una gran capacidad para vivir en el despelote por el simple motivo de que hay mucho despelote donde vivimos. Entonces, hay que sobrevivir. El tipo que no vive en el despelote no sabe vivir en el despelote, pero eso no quiere decir que no sea creativo. Pongamos un poquito de orden, menos despelote, que nos va a permitir crear más".

En *Entrenadores*, **DeporTV.**

"Antes de autoelogiarnos por nuestra creatividad por argentinos, tenemos que pensar si tenemos creatividad o capacidad para manejarnos en medio del quilombo. Claro, el que no vive en el quilombo no tiene capacidad para manejarse en el quilombo. El que vive todo el día en el quilombo tiene una gran capacidad para manejarse en el quilombo. De ahí a ser creativo hay una gran diferencia. Este problema lo encontramos en nuestros equipos, en mi opinión, y también entre nosotros (entrenadores de vóley). Yo creo que nosotros necesitamos ser más conceptuales. Ponerles nombre a las cosas, para empezar. No decir: 'Bueno, eh...'. No, ¿bueno qué? ¿Cómo se llama? Doy un ejemplo banal, que lo decía con mi staff. Si la recepción es un pase, que yo la llamo recepción porque soy de la vieja escuela, ¿cómo se llama el pase cuando la pelota toca el bloqueo y yo se la tengo que poner perfecta al levantador? ¿Pase? ¿Cómo lo llamamos? Golpe de abajo es la técnica, así que no tiene nombre. Entonces, pase son las dos cosas. No tiene nombre puntual, por ejemplo.

"El que no vive en el quilombo no tiene capacidad para manejarse en el quilombo. Pero el que vive todo el día así, sí. De ahí a ser creativo hay una gran diferencia. Este problema lo encontramos en nuestros equipos y también entre nosotros".

Uno va a entrar a un equipo y dice: 'Llamá la pelota al contraataque'. 'No, el levantador se da cuenta', le responden. ¿El levantador qué dice? 'No, yo me doy cuenta'. Ah, te das cuenta. Muy bien. ¿El levantador es preciso después? No, no es preciso. Pero no importa ser preciso, porque la precisión es como alemana, ¿no? La gambeta, lo nuestro. Nos gusta tirar caños, como les digo

a mis jugadores. Pero el caño es creativo y jugar a los espacios, jugar de primera, no es creativo. Entonces, no importa la precisión: lo importante es desmarcar. Pregúntenle a un atacante si prefiere la pelota perfecta siempre igual y con dos bloqueos, o la pelota más o menos y algunas veces con un bloqueo. El que ha jugado al vóley en serio lo sabe: el atacante prefiere la pelota perfecta con dos bloqueos, siempre igual. Que puede pegarla paralela, diagonal, a los dedos o lo que él quiere. Y no que la pelota llegue al bloqueo uno y el otro llega mal, pero él no sabe si entrar antes o después y tiene que ajustar la carrera, que le queda un poquito acá, un poquito allá y la paralela no puede porque le quedó afuera.

"¿Por qué lo nuestro tiene que ser un quilombo? Lo nuestro puede ser ordenado. El sistema y después la iniciativa individual no son incompatibles. Pero a nosotros nos cuesta mucho, porque el sistema, como todo el resto de las reglas en las que nos movemos, es interpretable".

Ahora, eso tiene que ver con nosotros. ¿Qué significa lo nuestro? El tango es nuestro, pero ¿qué? ¿Desafinan los que tocan tango? ¿O los que tocan la guitarra en una samba desafinan porque es lo nuestro? ¿Por qué lo nuestro tiene que ser un quilombo? Lo nuestro puede ser ordenado. Ahora, el sistema y después la iniciativa individual no son incompatibles. Pero a nosotros nos cuesta mucho. Al menos en varones, porque creo que las mujeres son distintas en esto, en jugar con un sistema. Porque el sistema, como *todo el resto de las reglas en las que nos movemos, es interpretable. 'Está el semáforo, pero acá es una boludez que esté este semáforo así que yo paso', dicen. Vivimos en ese contexto. Por lo tanto, después cuando jugamos decimos 'Usemos este sistema' y responden: 'No, pero en este caso yo vi que tiraba paralela, entonces volé para bloquear porque le iba a agarrar la paralela'. '¿Y si lo agarro? Si lo agarro no me decís nada', te dicen. Le contesto: 'No, pero si vos volás la defensa no sabe dónde pararse, y una vez lo agarrás y tres no'. Estas son cosas que me pasan, porque jugar en sistema cuesta mucho".*

En el simposio de entrenadores argentinos "Juntos x el vóley".

"De hecho, la historia del fútbol argentino indica que cuando creímos, como fue en el Mundial de Suecia en el '58, en el de Inglaterra del '66 o en el mismo Mundial de España del '82, que nosotros éramos los más habilidosos, nos fue mal. Cuando fuimos con mayor humildad, teniendo jugadores habilidosos, primero que ninguno Diego Maradona en el '86 o en el mismo '78, a Argentina le fue bien. Nosotros tenemos habilidosos, pero los demás también los tienen. Nosotros tenemos a Mercedes Sosa, pero los demás también tienen buenos cantantes. Lo que hay que entender es que cada país tiene su punta, digamos, de diamante y que la competencia es siempre muy difícil.

A nosotros nos va mal cuando nos agrandamos. Cuando vamos con más humildad y cuando sabemos que es dura y hay que pelearla, muchos de los valores que tienen los deportistas argentinos surgen como un valor agregado. Cuando creemos que es suficiente eso y que no es necesario trabajar duro, y que la humildad es de los débiles y no de los fuertes, y cuando no creemos en el sistema, que también es importante y no solo lo es la capacidad individual, ahí es cuando nos va mal. No es o sistema o capacidad individual: es capacidad individual en un sistema que funcione. No es calidad técnica o preparación física: hay que tener calidad técnica y una buena condición física. Y así en todo el resto".

En *DXTV Noticias,* **DeporTV.**

"También he trabajado mucho sobre dar un sistema de juego, que todo tenga que ser claro. Después está la improvisación, que hay situaciones en las que el jugador tiene que improvisar y pone su creatividad. Pero no hay que basarnos en eso. Yo creo que a veces exageramos en nuestra creatividad. Yo doy siempre el ejemplo de la música: no hay cosa más creativa que la música, pero no es que cada uno improvisa todo el tiempo. Ni siquiera en el jazz, que hay un momento para improvisar y hay un momento en el que tocan todos juntos. Sobre todo, cuando tocan lo hacen todos en el mismo tono y en el mismo tiempo. Entonces, eso es lo que yo creo que

costaba más con el equipo. Nosotros tenemos el mito de Maradona, de Messi, de (Enrique Omar) Sívori. Ayer hablaba con (Emanuel) Ginóbili de eso. Está bien, si tenemos un Maradona es mejor, obviamente, pero Maradona ganó cuando estuvo en un equipo que tenía un sistema de juego también. Como le pasa a Messi o como le pasa a todo el mundo. Lo cual no es una cuestión de si gana el equipo o gana el individuo: ganan los dos. A veces el individuo es decisivo. El individuo se exalta si juega dentro de un sistema claro. En eso sigo trabajando, porque todavía tenemos que mejorar".

Pospartido en TyC Sports en 2016.

"Creo que en la Argentina tenemos grandes jugadores (en cuanto al fútbol). Pero hablamos demasiado de los grandes jugadores y se pone siempre como antinomia si el tema es el entrenador, el equipo o el jugador. Ese es un mecanismo mental que otros países no tienen. '¿Qué es más importante, Messi o el sistema?', preguntan. ¿Por qué tengo que comparar? En un sistema que funcione, Messi todavía es más importante. Punto".

En *El Gráfico.*

"*¿Qué son las tácticas de equipo? Son sistemas de ataque o defensa, que todos son así, aunque después pueden tener características más o menos agresivas, para poner en evidencia mis puntos fuertes y tratar de esconder los débiles. Además, tratan de poner en evidencia los puntos débiles del adversario y tratan de neutralizar sus puntos fuertes. Eso es la táctica, sea en el fútbol o en el básquet. Todo lo que se implementa como sistema es para hacer eso. Tengo una cosa floja y la escondo con un sistema táctico. Lo otro es cómo logro hacer puntos a mi adversario y cómo evito que él me los haga a mí. Eso es lo que hay que estipular*".

En una charla con docentes de "Cátedras de Vóley en profesorados de Educación Física".

"*Cuando yo llegué acá, hace tres años, San Lorenzo había ganado el campeonato y en un programa estaban entrevistando a los hinchas. '¿Por qué ganó San Lorenzo?', preguntaban. 'Porque pusimos huevos', respondían todos. Entonces, a los pibes de la Selección les dije: 'Yo vi esto. Les hago esta pregunta: ¿no habrán jugado bien al fútbol?'. ¿Qué significa poner huevos en el vóley, en el tenis o en un tiro libre de básquet? ¿Qué significa tener huevos? En el libre de básquet es que no te tiemble la mano: hacer tic y meterla adentro. Por ahí, marcando sí, viste, podés poner. En el vóley te sacan, hacés tin (gesto de recepción) y va la tribuna. '¡Y pone más huevos!', gritan. Tin, tribuna. O sea, poner huevos también es estar tranquilo, manejar la situación. Que la situación no te maneje a vos. Es más complejo a veces de lo que la gente cree. Yo creo que hay mucha gente que dice esto, porque yo trato de entender por qué lo dice, porque piensa: 'Nosotros no tenemos mucho. No tenemos mucho, pero si ponemos huevos ganamos'. Es que hay que tener mucho. Porque tener mucho no significa tener solo a Messi, (Sergio) Agüero y (Ángel) Di María: significa tener juego, tener una estructura, tener las cosas claras, tener un ambiente ganador".*

En *Entrenadores,* **DeporTV.**

"Muchas veces hay un problema que tengo que resolver, incluso en mi equipo actual: el atacante remata afuera porque la pelota no estaba en una buena posición. Entonces, le dice al armador que la quiere más alta y más cerca de la red. El armador, y esto es el juego de equipo, o mejor dicho el no juego de equipo, se gira y les dice a los receptores: 'Quiero la pelota acá (arriba). Porque si tengo que correr para recogerla, no puedo ser preciso y no puedo darle la pelota como quiere. Entonces él la tira afuera porque no se la doy como quiere, pero yo no se la doy como quiere porque ustedes reciben mal'. En ese punto, los receptores se giran para encontrar a quién echarle la culpa. Pero ellos reciben un saque adversario y no pueden decirle al adversario que saque fácil

así reciben bien, así que ahí termina la cadena.
Yo, obviamente, dije una regla muy simple: los
rematadores no hablan del armado, lo resuelven.
No juzgan, lo resuelven.

"Yo quiero atacantes que rematen bien las pelotas mal armadas. Porque estos, después, las bien armadas las pegan muy bien, no bien".

Surge una nueva batalla, porque ¿qué hacen los rematadores? No dicen 'la quiero así' porque saben que estoy con el hacha en la mano. Entonces, cuando es buena le dicen: '¡Perfecta!'. No le dicen que la anterior era mala, pero sí le dicen que esta fue perfecta, lo que quiere decir que la otra era mala. En definitiva, siguen hablando del armado. Y yo me pongo nervioso: siguen hablando del armado. Son expertos del armado los rematadores, saben todo del armado. Uno los encuentra en el bar y hablan de los armadores. Hay un pequeño problema: ellos rematan, no arman. Ahora, yo quiero atacantes que rematen bien las pelotas mal armadas. Porque estos, después, las bien armadas las pegan muy bien, no bien.

"Entonces no hablemos: resolvamos. Si la realidad es como es y no como yo quiero que sea y la pelota es baja, mi cerebro debe abrir todas las carpetas que digan 'Pelotas armadas bajas'".

Entonces no hablemos: resolvamos. Si la realidad es como es y no como yo quiero que sea y la pelota es baja, mi cerebro, que es una computadora *extraordinaria, debe abrir todas las carpetas que digan 'Pelotas armadas bajas'. En esta carpeta están las soluciones para las pelotas bajas, que seguramente no son rematarlas como si fuesen altas. Esto es poco, pero seguro. Hay varias soluciones, hay que usar una de ellas. Si cuando la pelota es baja él no abre ninguna carpeta o abre la carpeta de 'Armado', obvio que no va a encontrar solución. Porque está perdiendo tiempo en vez de abrir la carpeta. 'A ver, esta pelota es un poco baja', piensa. En todo ese tiempo, la pelota ya se cayó".*

En una charla en Italia.

"La gente que no ha hecho deporte cree que en los equipos ganadores son todos amigos y van a cenar todos juntos. Y no es así. Los equipos están formados para jugar, para ganar juntos en el caso del deporte. A veces se llevan todos bien y a veces hay grupos. Pero ¿qué cosa tienen en común? Que todos saben que hay que jugar en equipo para ganar. O sea, jugar en equipo conviene. No es un imperativo moral, no es que hay que jugar en equipo porque si no somos egoístas. Jugar en equipo tiene que convenir: hay que convencer a los jugadores de que conviene. Si no los convencemos de esto, van a predominar los intereses personales. No siempre, pero sí muchas veces. Entonces, ¿por qué conviene? Porque cuando ganan está todo mejor. Yo siempre doy un ejemplo de jugadores nuestros: Maradona siempre tuvo

arriba a los jugadores que corrían y metían, porque era consciente de que necesitaba uno de esos al lado. Messi, Platini y Neymar, también. Porque son conscientes de que al lado no necesitan uno igual, necesitan uno diferente porque juntos son fuertísimos".

En *Animales sueltos*, **América.**

"En un equipo, uno no es que ayuda al otro porque es buen tipo o porque es amigo: uno ayuda al otro porque es parte del juego. Y lo ayudo aunque me sea antipático porque si no, no juego bien. En el básquet, uno se pone ahí para que el otro no lo pueda marcar y no es que lo hace por amistad: lo hace porque así se juega mejor. En el vóley, si cubrimos al atacante cuando lo bloquean y recuperamos la pelota lo hacemos por el mismo motivo. No tiene nada que ver la solidaridad. Creo que el deporte tiene esta enseñanza de que si jugamos en equipo les conviene a todos: les conviene al bueno, al malo, al habilidoso y al que es más físico".

En **Radio Del Plata.**

"Argentina puede ser potencia, pero no nos sobra nada. En el sentido de que el vóley, como el básquet, es un deporte en el que la estatura tiene un papel muy importante. No determinante en modo absoluto, porque el equipo de básquet cuando ganó unos Juegos Olímpicos lo demostró: era un equipo bajo y sin embargo fue campeón olímpico, así que esas cosas dan entusiasmo de que se puede. Pero hay equipos que, siendo físicamente muy fuertes, tienen un margen aunque no jueguen tan bien desde el punto de vista técnico-táctico. Nosotros ese margen no lo tenemos, nosotros tenemos que ser mejores que nuestros adversarios en cómo se juega. O sea, jugar mejor que ellos. Eso se trabaja. Nosotros hemos tenido grandes resultados con las Inferiores: le ganamos a Brasil en juveniles y cadetes, y la (selección) sub 23 ganó la Copa Panamericana contra Cuba, que tenía casi el equipo de la Olimpíada, que es un equipo muy joven, y ahí tampoco hay jugadores de gran envergadura física. Por lo tanto, tenemos que ser mejores en lo otro".

En *No somos nadie,* **Radio Metro.**

"El vóley y el básquet somos conscientes de que es difícil encontrar jugadores altísimos en Argentina. El equipo campeón olímpico de básquet era un equipo bajo en relación con otros países. Y el equipo de vóley también (lo es). Pero eso no significa que no se pueda llegar a máximos niveles.

Significa que hay que jugar de una determinada manera, que tenemos que ser mejores en otras cosas y que no podemos jugar con la altura y con la potencia, pero podemos jugar de otra manera. El ejemplo del básquet es uno a seguir, como lo es el del vóley brasileño que dominó durante diez años también con un equipo bajo. Entonces, yo trato de mostrarles a los chicos ejemplos realizables. No los ejemplos de los héroes inalcanzables, porque eso no sirve. Pero un jugador como Ginóbili, por decir, es un héroe alcanzable. O sea, es un jugador extraordinario, pero es un jugador que no se caracteriza por su físico, no se caracteriza por su altura y juega muy bien al básquet. Gracias a eso hace años que está en la NBA, es campeón olímpico, lo siguen utilizando y los técnicos no lo quieren dejar ir. Y creo que ese es un buen modelo también para los jugadores de vóley".

En Radio Brisas.

"(En el Mundial '82) no (esperaba) el bronce, pero sí estaba convencido de que si jugábamos bien les podíamos ganar a equipos que antes no les ganábamos. Fueron dos años de entrenamientos intensos, con giras internacionales que nunca se habían hecho. Y se generó la fiebre, como la tuvieron todos los deportes, pero el vóley la desperdició. Porque se hizo un balance equivocado. Como suele suceder, se concluyó que todo había sido obra de un grupo de fenómenos

y punto. Y no se reconoció que había sido la coronación de un trabajo extraordinario de los clubes durante la década del '70. En esos años se cambió el paradigma: en vez de mirar al vóley local se tomó como parámetro el internacional, y muchos entrenadores viajaron para ver cómo se preparaban. Y luego llegaron el surcoreano (Young Wan Sohn, el entrenador), los dos años de entrenamientos y condiciones de trabajo que nunca antes había tenido el vóley. Y a eso se le sumó un grupo de excelentes jugadores".

En *El Gráfico.*

"Yo estoy seguro de que la gente va a ver un equipo que da todo. Y yo creo que con la gente es como una relación de piel con los equipos. Se da cuenta cuando un equipo está. A veces el rechazo de la gente es exacerbado, sobre todo ahora con las redes sociales, porque muchas veces las redes sociales han despertado lo peor de las personas y se dice cualquier cosa y cualquier barbaridad. Pero hay una relación de piel, donde la gente siente que el equipo dio todo y no pudo porque el otro es mejor, o que no dio todo. Pero hay veces que los equipos no dan todo no porque no quieren, que es a veces lo que el público no entiende, sino porque se paraliza por el miedo a perder, por el miedo a equivocarse, porque hay demasiada presión. Yo creo que en el fútbol pasa mucho eso, ¿no? Yo creo que nosotros no vamos a tener ese problema. Primero porque no somos el fútbol y no

estamos bajo esa presión, pero además porque al grupo lo veo muy bien. Yo creo que vamos a poder dar todo. Después, si va a ser suficiente o no, eso no lo puedo decir. De lo que estoy convencido es de que la gente va a ver un equipo que va a jugar. No solamente que se va a matar, sino que va a jugar suelto y va a jugar sin el estrés que lo frene".

En una conferencia de prensa en medio de una serie amistosa ante Cuba antes del Mundial 2018.

"Hay como una conexión mágica entre los equipos y la gente que no tiene solo que ver con los resultados. La gente se da cuenta cuando un equipo deja todo, cuando siente el partido, la camiseta. Cuando hace todo lo posible. La gente reconoce el esfuerzo de los jugadores, en general. Y yo creo que esto es lo primero que el equipo tiene que buscar: que la gente siga reconociendo en este equipo, un equipo que da todo lo que puede, y si no puede más, es porque el otro es mejor y no porque no hizo todo lo que podía. Como equipo, queremos que la gente se sienta identificada. No enamorada, identificada: 'Este es nuestro equipo. No es el mejor, pero es el nuestro'. Esto es lo importante. Después, si podemos darle alegrías porque ganamos, bárbaro. Es lo que queremos nosotros. ¿Quién no quiere más eso que nosotros? Pero que se sienta identificada. Es feo cuando con una selección nacional la gente no se identifica y agrede a los

jugadores, como pasa a veces cuando no ganan. Habría que preguntarse por qué no se sienten identificados. Quizá porque dicen: 'Están fulano, fulano y fulano que salen en todos los diarios, ¿cómo no van a ganar?'. Como pasa a veces con el fútbol. Está bien, pero con el equipo, no esas individualidades, el equipo, ¿la gente está identificada o no está identificada? Nosotros esperamos ser un equipo que tenga identificación con la gente. Después, nuestro nivel va a depender de nosotros, no de la gente".

En una conferencia de prensa antes de una etapa de la *World League* **en Córdoba.**

CAPÍTULO 5

ÉXITO

Entre opiniones tajantes y otras más flexibles, pocos aspectos del deporte generan opiniones tan extremas como la definición de qué es ser exitoso. ¿Qué lleva a entrar en el grupo de los que lo alcanzan? ¿Un título? ¿Alcanzar los objetivos iniciales? ¿Influye el rendimiento? ¿Y el contexto? ¿Solo depende del resultado? Con un menú del que cada persona toma ciertos ingredientes y elabora su teoría, Velasco ha aportado diversas reflexiones sobre este tema.

Lejos de las sentencias contundentes y de las críticas despiadadas, el platense ha sumado varios puntos interesantes para esclarecer la receta del éxito.

"En parte, (el éxito) es lograr los objetivos que tenías. Pero yo, por ejemplo, nunca me propuse ser campeón del mundo. Nunca me lo propuse. Yo siempre me propuse hacer bien lo que estaba haciendo en el momento y lo que podía hacer ese año con mi equipo, que eran los mini vóley de GEBA o de Ferro o el primer equipo. Hay otros entrenadores que sí se han propuesto de jóvenes ser campeones del mundo y trabajan para eso. Hay muchos modos. Pero creo que el éxito es un buen equilibrio entre los factores de trabajo y los factores personales. Esto en cuanto a familiares y amigos, la vida personal. Cuando el éxito profesional te come lo personal en modo absoluto, a veces es difícil pensar que se ha tenido éxito. Se ha tenido éxito en lo profesional, pero como vida total de una persona a veces es un peso. Y lo otro también es muy difícil, tener una vida personal pensada como éxito cuando te va muy mal en el trabajo y en lo profesional. Pero es un buen equilibrio: a veces se pierde de un lado y a veces, del otro. Hay que tratar de llevarlo lo más parejo, que es muy difícil".

En *Animales sueltos,* **América.**

"A nivel de las distintas profesiones, la excelencia es hacer lo máximo que se puede en cada momento. Es de acuerdo a las circunstancias, no un absoluto. La excelencia no es ser perfecto: es lograr el máximo

posible. Nadie establece cuál es el máximo posible y, por lo tanto, queda abierto a cualquier evaluación".

En *Arqueros, Ilusionistas y Goleadores*, **Club Octubre 94.7.**

"En el deporte, a diferencia de otras actividades, no es suficiente hacer las cosas bien. No es suficiente. Si ustedes van a un médico, los cura bien y es muy bueno, listo: es muy bueno. No importa que hay otros mejores. Ese es muy bueno y está todo el mundo contento con él. Si a una persona le gusta una banda y a otra le gusta otra, no es que hay una competencia para ver quién es mejor. A uno le gusta esta y a otro le gustan las dos y compra los discos de las dos, y está todo bien y las dos son buenas. En el deporte no es así. En el deporte hay uno que gana y uno que pierde. El mecanismo muchas veces es que en el que perdió está todo mal. Pero salió segundo. 'Está todo mal porque perdió', dicen. No. Está mejor que todos menos que uno que le ganó. Y así el que salió tercero, el que salió cuarto y el que salió quinto. Esta idea de cómo es el deporte todo el mundo la sabe racionalmente, pero no la aplica a la hora de juzgar. Cuando se juzga, si perdiste sos un perdedor. ¿Y a todos a los que les ganaste? 'Ah, no, no. Número uno'. Y, bueno, número uno no pude, el otro jugó mejor que yo. ¿Entonces está mal todo lo que hice porque otro lo hizo un poquito mejor?

"En el deporte no es suficiente hacer las cosas bien. Hay uno que gana y uno que pierde. El mecanismo muchas veces es que en el que perdió está todo mal. Pero salió segundo, está mejor que todos menos que uno que le ganó".

Entre nosotros, para escalar posiciones tenemos que cambiar la mentalidad, tenemos que mejorar algunas cosas de la mentalidad y otras las tenemos que consolidar. Tenemos que mejorar cosas, pero tenemos que ser conscientes de que mientras yo estoy diciendo esto, los entrenadores de los demás países están diciendo lo mismo. No es que son salames que no entienden nada y nosotros somos los únicos vivos. Nosotros estamos haciendo esta cosa y los otros también; nosotros estamos trabajando duro y los otros también, y nosotros vamos a mejorar cosas y los otros también. Y ese encuentro, ese enfrentamiento con los otros a ver quién mejoró más, quién es mejor, esa es la salsa del deporte. Es lo que nos gusta hacer a nosotros. A veces sentimos el estómago cerrado antes de un partido porque no sabemos qué va a pasar y, bueno, nos gusta eso. Pero es difícil. No es que si después hay uno que es mejor es porque acá se hicieron las cosas mal. No, del otro lado se hicieron mejor. Es un enfrentamiento complicado".

En una charla en DeporTEA.

"El deporte está siendo tomado por la sociedad casi como el único paradigma. Se ve en publicidades o películas. Siempre está el modelo de que hay que ganar, en todo hay que ganar. Y creo que se filtra muy fácil el ganar de cualquier manera. Porque si lo más importante es ganar como sea, yo creo que eso es terrible. Vivo de esto, de ganar, porque estoy acá porque he ganado y si no estaría otro, pero eso no quiere decir que tiene que ser el modelo o el paradigma para todo. Tiene que haber un filtro a eso, que es: pensemos en el otro, hagamos las cosas correctas, respetemos las reglas fundamentales. Creo que es un mensaje que, sobre todo de la gente del deporte, tiene que llegar a los jóvenes.

"Ganar no es solamente salir campeón: es superarse, mejorarse. Si, en cambio, damos el mensaje de que solo el que se lleva la medalla de oro es un ganador y los demás son perdedores, no damos el mensaje verdadero que el deporte nos enseña".

Además, porque el deporte no es lindo solo cuando se gana, como dicen muchos. Eso es una estupidez. Porque nosotros el año que viene vamos a ir a los Juegos Olímpicos y hay ciertas disciplinas, como natación o atletismo, con muchos atletas que saben que no van a ganar. Lo saben. Y sin embargo se preparan como si fueran a ganar, durante el año y en los mismos Juegos. ¿Por qué? Porque combaten contra ellos mismos. Quieren bajar un segundo, una décima de segundo, lanzar un metro más. Y eso es parte de ganar. Ganar no es solamente salir campeón: es superarse, mejorarse. El deporte enseña esto a los jóvenes. Si, en cambio, damos el mensaje de que solo el que se lleva la medalla de oro es

un ganador y los demás son perdedores, no damos el mensaje verdadero que el deporte nos enseña. Porque yo he perdido muchas veces, pero he estado conforme con lo que hice".

En *LA NACIÓN.*

"La actividad deportiva tiene una importancia vital para una comunidad. Y es, además, la razón de ser del deporte de alta competencia. O sea, el deporte de alta competencia tiene sentido si incentiva que todos hagan deporte. Para eso es que el Estado gasta dinero en las selecciones nacionales y es que es importante sacar medallas. ¿Para qué? No es simplemente para decir 'Los argentinos somos buenos porque ganamos una medalla', es para incentivar a que todos hagan deporte. Y cuando digo todos, me refiero a todas las edades, todas las características físicas, todos los estados de salud y todos los sectores sociales. Creo que es muy importante, como son importantes otros ámbitos como la educación, la música u otras actividades. En este caso, creo que es muy importante que el deporte tenga esa función en la comunidad".

En *Argentina dorada.*

"Yo creo que el deporte tiene dos grandes ramas que la política tiene que atender. Una es el deporte de alta competencia. Y otra es el deporte para todos, social, popular. Uno está vinculado al otro. Porque ¿por qué es bueno que gane una selección? Sí, por el orgullo nacional y por lo que representa, que el deporte hoy es una de las pocas cosas no contaminadas de la globalización, y es en parte porque ya hay neo ciudadanos que ponen las selecciones y demás. Pero la importancia grande que tienen una selección o un campeón es el estímulo a que los chicos hagan deporte, a que la gente haga deporte. Y eso es un elemento fundamental. Por un lado, porque el deporte tiene una gran valencia de salud, que hoy en día, con los problemas que hay de vida sedentaria, es fundamental. Y segundo, para mí tiene un grandísimo valor educativo: enseñar a los chicos a ganar y perder. Parece una banalidad, pero es fundamental. Porque está pasando el mensaje en la sociedad de que siempre tenemos que ser campeones, que siempre tenemos que ser los mejores y que el que pierde es una porquería. El que hace deporte sabe que esto no es así. Sabe que se pierde porque hay uno mejor, simplemente, o porque tuvo mala suerte o porque lo que sea, y no porque perdió es una porquería. Este valor del deporte es fundamental. Por eso creo que la política tiene que invertir en el deporte: para que todos hagan deporte, pero también para que haya campeones que hagan que todos hagan más deporte".

En Radio Del Plata.

"El deporte es un juego. ¿Qué chico hace un juego que no sea para ganar? La diversión está en probar a ganar. Donde la cosa se deforma es en que parece que no valés si no ganás. No está la cosa de que yo trato de ganar, hice todo y encontré a uno mejor que yo ese día que me ganó, pero no es que no valgo. Ese día valí menos que el otro, eso sí lo tengo que reconocer. Ese día él fue mejor. Que no significa estar contento con perder. Porque a veces está el que dice: 'Ah, bueno, entonces a vos te gusta perder'. No, no. Yo no dije que me gusta perder, yo digo que hay que saber perder. Pero claro que no me gusta, y después voy a ir a entrenarme y voy a hacer todo lo que pueda para ganar. Pero tengo que saber perder, que significa aceptar que el otro tuvo más suerte o fue mejor.

"Donde la cosa se deforma es en que parece que no valés si no ganás. Tengo que saber perder, que significa aceptar que el otro tuvo más suerte o fue mejor".

Creo que el deporte tiene ese valor educativo enorme, a veces deformado por los medios, por las hinchadas o por los padres, que cada vez más creen que sus hijos son los mejores solo porque son sus hijos. Lo cual es un drama de época. O sea, el pibe tiene problemas en la escuela y el problema es la maestra, entonces el padre o la madre van e increpan a la maestra. Con un teléfono nuevo, ¿cómo es que los pibes lo aprenden a manejar sin el manual, sin nada? Yo siempre me hago esta pregunta: ¿por qué aprenden eso tan rápido y otras cosas no? Porque ahí el feedback es claro. 'El teléfono o la computadora no funcionan porque me equivoqué yo', dice el pibe. Entones, sigue probando y encuentra la solución. Después, él llega a la profesora, o a la mamá que le dice una cosa, y no funciona así. ¿Por qué? Porque entran las emociones, que el teléfono no tiene. Ahora, vos imaginate si un pibe tiene un problema en la escuela y vos le decís: 'El problema no sos vos, el problema es la escuela'. ¿Cómo hace para tener un feedback ese pibe? ¿Cómo hace para aprender cuál es la conducta? Él siempre tiene razón. Ahora, cuando se transforme en adulto y salga de la casa, ¿qué va a pasar? Se va a encontrar con un mundo y va a decir: 'No, pero mi mamá me dijo que siempre tenía razón'. Le van a responder: 'No, pero tu mamá te mintió, flaco. Por amor, pero te mintió. No sos el mejor'.

"Hay que hacer crecer a los chicos con esta idea: puedo equivocarme y no por eso no valer. El error y la equivocación son parte del proceso de aprendizaje. No es una demostración de incapacidad: es parte del aprendizaje".

Y en los equipos de jóvenes encontramos mucho ese problema. Que en los pibes yo veo hoy que un tema es la inseguridad, porque eso crea mucha inseguridad. No tener anticuerpos a la frustración porque nunca se equivocó, sino que la culpa fue de otro. Después, al ir a la selección juvenil o a un equipo a jugar y tener un entrenador que le pide cosas, ver a otro en el banco que puede jugar en su lugar, y mirar la estadística y no meterla nunca en el aro, o no atacar bien o no recibir bien, ¿qué pasa? Entonces, vienen la inseguridad y el miedo a equivocarse. ¿Y de dónde viene todo eso? Viene desde chicos, que se les da siempre la razón en lugar de decirles 'Hoy estás bien' y otro día 'Hoy estás mal. No pasa nada. No es que no servís, no es que sos una porquería, pero está mal'. Dicen: 'No lo digo que está mal porque

se pone mal'. Pero ¡es que está bien que se ponga mal! Lo que no está bien es que se ponga demasiado mal, que crea que él no vale porque cometió un error. Este es el punto. Entonces, yo creo que el deporte puede ayudar y que los entrenadores de divisiones inferiores tendrían que hablar más con los padres sobre este tema. Para hacer crecer a los chicos con esta idea: puedo equivocarme y no por eso no valer. El error y la equivocación son parte del proceso de aprendizaje. No es una demostración de incapacidad: es parte del aprendizaje".

En *Entrenadores*, **DeporTV.**

"En el deporte no se puede ganar siempre, nadie gana siempre. Lo que sí, uno tiene que estar tranquilo de dar todo lo que tenía. Cada jugador tiene que pensar si dio todo lo que pudo o no. Si dimos todo lo que pudimos y hubo otros que fueron mejores o tuvimos mala suerte, porque la suerte ayuda y me ayudó cuando gané y a veces no me ayudó cuando perdí, es parte de la vida".

En *Arqueros, Ilusionistas y Goleadores*, **Club Octubre 94.7.**

"A veces, en los cursos de coaching dicen el eslogan 'Si vos querés, podés'. Bueno, yo digo que si eso hubiera sido cierto, yo hubiera jugado de '10' en Estudiantes de La Plata. Porque yo era un loco del fútbol, jugaba al fútbol todo el día. Jugué hasta la pre-Novena y después me di cuenta de que había otros mejores, simplemente. Y eso no quiere decir que yo no valía, ¿no? Yo creo que un gran valor del deporte es enseñarles a los chicos que hay otros mejores que uno, hay otros peores y hay otros como uno. Uno se puede acercar a los mejores con mucho esfuerzo, pero si se encuentra a uno que es mejor no significa que uno no vale. Si uno pierde un partido no significa que uno no vale, significa que se encontró a uno que jugó mejor ese partido. Hay que ver el próximo partido, que quizá se puede ganar. Yo creo que esto es importante. Y todos los que hemos hecho deporte sabemos que hay veces que hicimos todo lo que podíamos y no bastó, no fue suficiente, porque el otro también puso todo lo que tenía y fue un poco mejor. Bueno, no vamos a bajar los brazos, vamos a seguir trabajando y vamos a seguir mejorando para tratar de ganarles. Pero el valor de las personas no pasa solamente por la victoria y la derrota. Yo creo que esto tiene que enseñar el deporte a los chicos. No solamente a los chicos: a los padres, a los hinchas, a todos".

En Radio Brisas.

"A los jugadores (en Italia) siempre les recalqué que no había que creérsela mucho. Cuando uno gana es lindo e inteligente, y cuando pierde deja de serlo. Y todo se exagera y te dicen que tenés que ser secretario de deportes y líder político. Por favor, ¿porque gané unos partidos?"

En *El Gráfico.*

"En realidad, el éxito muchas veces llega sin que uno se lo espere. A veces pasa que el éxito construye un personaje, y el personaje no siempre coincide con la persona. En el sentido de que muchas veces yo veía que la gente se relacionaba conmigo con el personaje, sobre todo acá en Italia, y me ponía una determinada característica que yo no me identificaba con esa característica. Me hice muchos problemas al principio, muchos problemas. No estaba bien. Hasta que dije: 'Bueno, esto es así'. Es como cuando un escritor redacta un libro: el libro no le pertenece más, porque cada lector lo interpreta como se le ocurre. Y no es que el escritor puede estar haciendo charlas en televisión para decir: 'No, pero usted tiene que entender tal cosa de lo que yo escribí'. Nosotros, los que tenemos un trabajo que es público, en el deporte o en la música, que son cosas que apasionan a la juventud, pasamos a ser personajes que no nos pertenecen más. Entonces, tenemos que convivir con ese personaje, que a veces no nos gusta porque la gente le da una connotación que no es la que nosotros le queremos dar. Pero ¿cómo sabemos quién tiene razón? Porque nosotros, a su vez, nos

construimos una idea que es la que nos conviene o la que nos deja en paz. En realidad, ninguno sabe cuál es la cosa objetiva, que no existe.

"El éxito muchas veces llega sin que uno se lo espere. A veces pasa que el éxito construye un personaje, y el personaje no siempre coincide con la persona".

Cuando yo escucho o leo entrevistas de chicos jóvenes, sobre todo de jugadores, y en Argentina está mucho esa cosa de 'Yo no cambio, yo soy el mismo pibe del barrio'. Pero ¿cómo no cambiamos? Claro que cambiamos. Si no cambiáramos seríamos un ladrillo, además. ¿Cómo no va a cambiar uno, que en el '83 se vino a Italia y construyó otra vida? ¿Cómo no va a cambiar un pibe que sale de una villa y después juega en Boca o en River? El tema es no perder ciertos valores. Pero hay veces que el jugador de fútbol, sobre todo, el entrenador o el músico, no dan más de ser un personaje y a veces la gente no lo entiende. No puede más porque no es él y quiere verse con sus amigos, los que lo conocen desde chico. Por ejemplo, a mí me ha pasado en todos estos años en Italia, sobre todo en los de mayor fama cuando estaba en la selección, que ahí me hacía muy bien ir a Argentina. Yo iba todos los años porque me encontraba con los amigos de siempre para los que yo era Julio, no el tipo famoso. Después veía que yo iba cambiando y que cambiaban ellos también, con la edad y todo. Pero yo era Julio, el que jugaba al vóley con ellos o el que había ido al colegio con ellos. Eso era como un bálsamo, de decir: '¡Qué lindo esto!'. Es un tema complicado.

"¿Cómo no va a cambiar uno, que en el '83 se vino a Italia y construyó otra vida? ¿Cómo no va a cambiar un pibe que sale de

una villa y después juega en Boca o en River? El tema es no perder ciertos valores".

Yo una vez escuché una entrevista a John Lennon que decía: 'La fama destruye todo lo que está alrededor del que se hace famoso'. Y en realidad la fama también terminó matándolo a él. No puede ser una casualidad que tantos ídolos del rock, por ejemplo, hayan muerto jóvenes, como Jim Morrison o Michael Jackson. En los deportistas no pasa, pero es difícil. Imagínense uno como Maradona, que no podía salir a la calle a ningún lado. No podía ir a tomar un café. Entonces, se empieza a construir una vida paralela que es muy difícil de soportar".

En *Súper deportivo radio*, **FM 97.9.**

"No pensé que podíamos ganar la medalla dorada en (los Juegos Olímpicos de) Río. Uno de los problemas que tenemos los argentinos, en cualquier disciplina, es que ganamos un partido y ya creemos que estamos para una medalla. Y nos seguimos pegando contra la pared. Eso afecta al jugador. Es una de las mayores críticas que hago: somos un país que aprende poco, un país al que le cuesta aprender".

En *El Gráfico.*

"Nosotros somos los mejores o somos los peores. Nos agrandamos rápido y nos deprimimos rápido. El otro día, cuando le ganamos a Brasil con la selección, estaba saliendo del hotel y llega una señora y me dice: '¿Ya le cantaron 'Brasil, decime qué se siente'?'. Y yo, que soy muy transparente, mis asistentes, que estaban ahí, dicen: 'Tu cara era de piña'. Lo que pasa es que era una señora y encima la mamá de un jugador. Le respondí: 'Hace 17 años que no le ganábamos a Brasil. 17. Le ganamos una vez, en un partido que ni siquiera era una final. Ni siquiera se me cruza por la cabeza. No es que no lo hago por respeto: es que no se me cruza por la cabeza. Son los campeones olímpicos, muy contentos estamos de que aunque sea les ganamos ese partido'. Ahora, después perdemos dos finales con Chile (en fútbol, en las Copas América 2015 y 2016) y no servimos más. Entonces, pará. No es ni una cosa ni la otra".

En *Entrenadores*, **DeporTV.**

"Ganar, siempre ganar (es lo que más satisfacciones me da de un partido). Es como jugar a las bolitas: querés ganar. Creo que hay que ser buen perdedor también. Acá parece que el que se calienta más es el más ganador. Y no. El que más se calienta es un calentón. No sos más ganador porque no soportás perder, no. Echarle la culpa al árbitro o a tus jugadores es ser un mal perdedor. Después, la sensación de ganar es siempre muy placentera, comparable con el acto sexual. Y si además ganaste jugando bien, es el acto sexual con una mujer de la que estás enamora-

do. Es completo. ¿Viste que después del acto sexual estás planchado, con una sensación de paz y plenitud? Bueno, así te sentís cuando ganás. Salís con tus colaboradores a fumarte un cigarrillo y decís: '¡Qué lindo que es ganar!'. Por ahí ganaste un montón de veces, pero se renueva".

En *El Gráfico.*

"Yo creo que no hay que exagerar: el deporte es resultado. O sea, no se puede jugar a un juego que no tenga resultado. Sería aburridísimo, ni a las bolitas se puede jugar sin un resultado. Sería muy aburrido. Es la esencia del deporte que se logre el resultado. El asunto es que, bueno, hay tiempos y hay que reconocer también cuando el otro es mejor. Eso quizás a veces nos falta un poquito. Yo una cosa que les dije a los chicos el primer año es: 'Chicos, Dios no es argentino. Y si lo es, está ocupado en cosas más importantes que el vóley'. Porque parece que somos el pueblo elegido, ¿no? O sea, nosotros tenemos que ganar porque somos argentinos. Y todos trabajan para ganar. No es que el técnico de Bélgica es un tarado, yo soy inteligente y él debe entrenar mal. Todos se entrenan bien, todos son buenos técnicos, todos tienen buenos jugadores. Por eso es lindo y por eso es difícil. Es lindo y difícil. Entonces, hay que respetar los procesos. Pero los procesos también tienen que dar resultados. El resultado no solamente es ser campeón: es mejorar, es producir jugadores, es que se vea un crecimiento y no que se va para atrás, sino que se va para adelante. Ese equilibrio es difícil.

"No se puede jugar a un juego que no tenga resultado. Sería aburridísimo. El asunto es que, bueno, hay tiempos y hay que reconocer también cuando el otro es mejor. Eso quizás a veces nos falta un poquito".

Bueno, y ahí tienen un papel muy importante los dirigentes, no solo los técnicos. Que el dirigente sea un dirigente con visión y pueda evaluar si el proceso está yendo para adelante o está yendo para atrás. Nosotros, los protagonistas, y sobre todo los entrenadores, tenemos que aceptar el juicio del dirigente de lo que nosotros hacemos. Lo tenemos que aceptar. Esperando que sea un juicio razonable y profundo, pero lo tenemos que aceptar. Yo vine a la Argentina cuando la Federación me contrata pensando que yo podía mejorar el rendimiento del equipo, no es que me trajo porque yo tenía ganas de volver a la Argentina. Después, bueno, si a veces nos agrandamos y creemos que porque somos argentinos tenemos que salir entre los tres primeros, no evaluamos bien a los adversarios. Por eso yo no he dado muchos objetivos precisos de decir: 'Vamos a llegar acá'. Es muy difícil de decir. Pero me parece que el equipo va mejorando y los jugadores van mejorando. Vamos a ver si es suficiente o no".

En una conferencia de prensa en medio de una serie amistosa ante Cuba antes del Mundial 2018.

"Yo creo que hay una cosa cíclica, que en Italia también me pasó, que cada vez que hay un deporte que anda bien se lo compara con el fútbol. No se puede comparar. Está el fútbol y después están todos los demás. Y de todos los demás, el 90% somos futbolistas frustrados. O sea, hubiésemos querido jugar al fútbol. Como no se nos dio, nos dedicamos a otra cosa. Entonces, yo creo que es injusto decir: 'No, que el fútbol acá...'. Si yo hubiese podido, hubiera sido el '10' de Estudiantes y no hubiera jugado al vóley. Entonces, yo tengo, para empezar, ese gran respeto. Y el fútbol es lo más difícil de manejar. Además, hay momentos. Como es el partido, que no se sabe cómo va a terminar, pasa también con los resultados. Cuando (Marcelo) Bielsa fue entrenador y fuimos al Mundial, habíamos ganado un montón de partidos y nos eliminaron. Y Brasil, que se clasificó de última, salió campeón del mundo. Hay un libro en Italia que se llama 'Que gane el peor', que es la historia de los Mundiales. Ahora estoy leyendo la autobiografía de Cruyff, y Holanda, uno de los mejores equipos de la historia, no ganó nada. Ni el Europeo. Eso es el fútbol. Por eso, además, despierta tanta pasión: porque uno va el domingo a la cancha y puede pasar cualquier cosa, va al Mundial y puede pasar cualquier cosa. Los demás deportes son un poquito más lógicos. También hay que entender eso.

"Como es el partido, que no se sabe cómo va a terminar, pasa también con los resultados. Por eso el fútbol despierta tanta pasión".

De repente, Argentina se acomoda, va al Mundial y lo gana, y acá dijimos de todo y todos se van para atrás. Y de eso creo que nos tenemos que acordar. Pero no para criticar a un periodista que escribió una cosa, que un periodista es como un jugador que erró un penal y, como cualquiera, se puede equivocar en una opinión y no pasa nada. Pero a veces somos demasiado feroces, demasiado terminantes. (Juan Martín) Del Potro era un 'pechito frío', por ejemplo. No es que hay que ir a buscar a quien lo dijo para matarlo, sino que hay que hacer una reflexión. ¿Por qué ponemos epítetos definitivos y feroces cada vez que un deportista o un equipo están en dificultad? Podemos hablar de que, bueno, tiene dificultades, pero si acomoda tres cosas de repente la cosa funciona. O sea, ¿la selección de fútbol, si acomoda tres cosas, puede llegar a ser uno de los mejores equipos del mundo? Claro que puede. Ahora, el hecho de que no pueda no quiere decir que los jugadores no quieren. Es que cuando un jugador o un equipo entran en crisis es complicado. La voluntad no es suficiente, es complicado. Entendamos eso: es complicado. Porque, después, todos los hinchas que son feroces, individualmente cuando en la vida tienen una dificultad, lo que piden de los amigos y del jefe es que sean comprensivos. Ahora, ellos de hincha lo insultan a Messi. Lo dije el otro día con mis colaboradores: 'Muchachos, preparémonos todos'. O sea, si lo insultan a Messi a nosotros nos escupen, en proporción. Ahora, si en la selección no hace los goles que hace en el Barcelona, con el equipo y todo... (Gonzalo) Higuaín lo mismo: ahora es un paquete. Uno puede decir que Higuaín está en crisis, que está en crisis también en la Juventus, etcétera, pero el problema es decir que es un paquete. Hay un salto ahí que me parece que tenemos que ser un poquito más...

"¿Por qué ponemos epítetos definitivos y feroces cada vez que un deportista o un equipo están en dificultad? Todos los hinchas que son feroces, individualmente

cuando en la vida tienen una dificultad, lo que piden de los amigos y del jefe es que sean comprensivos. Ahora, ellos de hincha insultan".

Además, a mí me gustan las hinchadas que se hacen sentir cuando el equipo está en dificultad. Porque cuando gana... Es cuando está en dificultad. O sea, los jugadores no pueden, están en crisis. Tipos que parecían jugadores extraordinarios, parecen realmente paquetes porque están en dificultad. Ahí la hinchada tiene que estar. Ahí. Porque ellos representan a la Argentina. Entonces, ahí tenemos que ir a gritar por Argentina. Ir a gritar a la calle cuando ganamos el Mundial está bárbaro, pero ahí nadie nos necesita: lo hacemos por alegría. ¿Cuándo es que nos necesita el equipo? Nos necesita cuando está en dificultad. La cosa de que un jugador gana millones de euros la agarran siempre en negativo y lo dicen después de errar una pelota, ¡¿y qué tiene que ver?! No es que le pega a la pelota con los billetes. No tiene nada que ver. El tipo puede ganar 50 millones de euros y después errar un penal, no es que le pega con la cuenta bancaria. Entonces, ¿por qué no se piensa lo contrario? Este tipo, que está lleno de guita, que juega un montón de partidos en Europa, que le piden que gane siempre, se agarra un avión, se viene desde allá para jugar por la Argentina sabiendo que el equipo está mal, pero viene igual. Porque podría decir 'Me duele acá' y el médico del club manda un certificado, no es muy difícil. Que el club muchas veces se lo pide y hay muchos jugadores argentinos que se pelean con los clubes para jugar por la Argentina. Ahora, después vienen, erran el penal y juegan mal. Después se vuelven allá y cuando tienen vacaciones, que tienen poquísimas vacaciones los jugadores de fútbol, digamos esto, la mitad de las vacaciones están con la selección en lugar de, con esa plata, ir a las mejores playas del mundo. Entonces, esperemos un cachito".

En *No somos nadie,* **Radio Metro.**

"Es que el vóley no es el fútbol, hubiera sido magia si ganábamos (una medalla olímpica). El fútbol argentino ganó Mundiales y tiene jugadores en las mejores Ligas. El vóley es distinto, acá el tema es si progresás. Lo que no entendemos o a lo que no le damos bola es al tema de los procesos, porque el final del proceso tiene que ser un resultado. En cualquier país del mundo es así, pero tiene que haber un proceso antes. Me crucé el otro día con Julio Lamas (entrenador de básquet), al que contrataron en Japón, y no le piden que saque una medalla en los próximos Juegos: le piden que les mejore el puesto 148 en el que se encuentran en el ranking mundial. Pasa que el modelo futbolístico se traslada a todos los análisis".

En *El Gráfico.*

"Los proyectos a largo plazo no tienen que significar no responder al corto plazo. Porque hay veces que se pierde, se pierde y se pierde y dicen: 'No, lo que pasa es que estamos planificando'. Es difícil después

tener espíritu positivo y ganas. Entonces, se trata de ir obteniendo resultados en el corto plazo, pero creando condiciones también para el largo plazo. Que en el caso nuestro son los Juegos Olímpicos dentro de cuatro años, pero en el medio tenemos el Campeonato Mundial el año que viene".

En una conferencia de prensa antes de una etapa de la *World League* en Córdoba.

"Yo a los periodistas los critico poco porque creo que la mayoría escribe lo que la gente quiere leer. Entonces, se desarrolla el periodismo de matar porque la gente quiere sangre. Me parece que tenemos que ir más a la gente: ¿por qué quieren sangre? Como en el circo romano, que todo era pulgar para abajo y si era para arriba no divertía. ¿Por qué? Habría que hacer un trabajo de educación, digamos, con los chicos. En cambio, se ha desarrollado en el último tiempo casi un culto al insulto, al epíteto, ¿no? En lugar de, ya cuando son pibes, decirles: '¿Por qué decís eso?'. '¡No, porque pierden!', dicen. Y, pierde porque hay otro que juega mejor. ¿Por qué (alguien) es 'pecho frío'? Es un término feo, denigrante. Yo me acuerdo que cuando llegué justo había ganado San Lorenzo el título, entonces prendí el televisor y a todos los hinchas a los que les metían el micrófono les preguntaban: '¿Por qué ganó San Lorenzo?'. Uno respondía: '¡Porque tiene huevos!'. Y otro: '¡Porque tiene huevos!'. Todos decían eso. Entonces, yo les dije a los jugadores: 'No es importante jugar bien al fútbol, hay que tener huevos.

Agarramos 11 tipos con huevos y salen campeones'. O sea, hay una exagerada cosa de eso. Habrá jugado bien al fútbol también. Me imagino, yo no vi los partidos. Quiero creer que San Lorenzo jugó bien al fútbol. Uno habló de que San Lorenzo juega mejor, después todo era sobre huevos o 'pecho caliente', en lugar de frío. Todo lo que queramos, pero me parece que estamos exagerando. No sé por qué. La verdad es que no sé. Pero cuando veo que se lo critica a Messi de ese modo... Porque no es la crítica. Uno puede decir 'Messi corre mal', no es que no se lo puede criticar porque es Messi. Pero cuando se pasa del otro lado y ya se dice: 'Noo, ese...'. Cuando Messi diga 'Bueno, no juego más', ahí... 'Epa'. Ahí, a acomodarse todos. Porque no juega más y además perdemos cuando no jugó. Pero ¿por qué tiene que ser así? ¿Antes no? O sea, el tipo podría quedarse tranquilo allá en Barcelona".

En *No somos nadie*, **Radio Metro.**

"Digamos que en parte es verdad (que la selección argentina de vóley estaba 'bajo la sombra' del equipo que ganó el bronce en los Juegos Olímpicos Seúl '88). En el sentido de que acá, en Italia, también pasa con el equipo que dirigí, que siempre se compara con ese equipo y me parece algo injusto. Porque todos los países han tenido un momento. Por ejemplo: a Brasil le va a pasar lo mismo con las futuras selecciones si no salen campeones, porque dominaron la escena durante muchos años. Creo que es algo injusto, pero no es un problema del exitismo. Para mí es un problema de que se crea

un mito, y todos los mitos son medio falsos. Parece que todo está perfecto, pero son momentos. (…) No me gusta alimentar los mitos. Porque el mito no sirve, el mito es algo que separa. ¿Los chicos que juegan al vóley qué hacen con el mito? Nada. Me incomoda y lo digo, porque sirve el ejemplo y no el mito. El ejemplo sí (sirve), hablar de qué hicieron esos jugadores, qué hizo ese grupo, qué resultado obtuvo, qué es lo que se hizo. Por ejemplo, en el (Mundial) '82, después de que ganamos (el bronce) se creó un mito que fue una de las peores cosas que le paso al vóley argentino. Tanto es así que por muchos años el vóley argentino sufrió mucho, porque el mito era de un grupo de fenómenos que se entrenaron en condiciones pésimas, pero como eran fenómenos lograron salir terceros. No fue así para nada. Ese equipo se entrenó dos años solo para la selección, sin entrenarse en los clubes. Viajó por el mundo como no lo hizo ningún equipo de vóley, ni antes ni después".

En *Télam.*

"Hay algo que me pasó hace muchos años y me marcó. Trabajaba en mini vóley en GEBA y protagonicé mi última actuación ingenua de solidaridad y lucha social. Estaba como un rey en GEBA, pero los profesores de la colonia hicieron una huelga y, aunque yo era profe de vóley, me sentí en la obligación de apoyar. Al otro día vino el presidente y me dijo: '¿Qué hiciste? Te tengo que echar. No puedo tener a un profesor del club haciendo huelga en la colonia'. Me tuve que ir, pasé a Ferro. Al año siguiente jugamos

un torneo de mini vóley en GEBA, que estaban todos los padres. Ganamos, y cuando me dieron el premio todos los padres de GEBA se levantaron a aplaudir. Es algo que lo tengo acá, en el corazón. Fue uno de los reconocimientos más grandes. Porque no es un reconocimiento a la victoria, sino a la parte docente, algo a lo que le sigo dando mucha bola aun con ju-gadores grandes".

En *El Gráfico*.

CAPÍTULO 6

MENTALIDAD

Dentro de las diversas aristas que forman a los deportes, como las propias de la actividad (la técnica, la táctica, etc.) y la preparación física, una muy importante es la mental. Si bien puede llegar a parecer una cuestión secundaria o de escasa conexión con las otras, se trata de una parte central en cada disciplina, sobre todo en el alto nivel.

Su valor más evidente es en la competencia: es útil para mantener el enfoque, atravesar malos momentos, confiar en las propias habilidades para potenciar virtudes y jugar con más soltura, y rendir bajo presión o en momentos decisivos, entre otras cosas. Aun así, no hay que subestimar su influencia en la rutina diaria: motiva a mejorar; sirve para soportar y atravesar jornadas difíciles; permite tener la disciplina para hacer sacrificios y mantener hábitos, y alimenta el deseo de crecer y ganar, entre otras cosas.

Todo esto, claro, si se cuenta con una buena capacidad, porque de lo contrario puede representar un gran obstáculo al momento de explotar y expresar el talento. Por este y otros puntos, generalmente intangibles (de ahí la dificultad de verlos para el público general), el aspecto mental es tan destacado por los protagonistas de los distintos deportes.

"*Yo enseño a estar contra la perfección. Porque cuando uno trata de encontrar la perfección siempre va a tener frustración, porque la perfección es inalcanzable. El deporte, justamente, lo que enseña es eso: nosotros nos medimos con otros imperfectos como nosotros, que son los adversarios, y se trata de ser mejores que ellos. No es suficiente hacer las cosas bien, y ese es el gran problema del deporte que muchos no entienden porque no han hecho deporte a nivel competitivo. Si uno es médico y hace el trabajo bien, está todo bien. Si uno es ingeniero, lo mismo. Ahora, en el deporte no: uno hace las cosas bien, se encuentra con otro que las hace un poquito mejor o tuvo mala suerte, que pegó tres tiros en los palos y el otro hizo un gol de contraataque, y pierde por un punto o 0-1. Perdió y punto. Entonces, tratamos de hacer lo mejor posible, pero es muy importante establecer prioridades y tratar de desarrollar los puntos que son decisivos para el crecimiento. Cuando uno trata de enseñar la perfección, en general inconscientemente crea desazón, crea frustración y crea un estado de ánimo de que nunca llegamos, de que nunca estamos bien. Y eso es terrible para un equipo, así que yo creo que hay que evitarlo*".

En *Súper deportivo radio*, **FM 97.9.**

"*Yo, en realidad, nunca he pedido nada perfecto. Yo trato de pedir cosas teniendo en cuenta la realidad de nuestro país y que a veces las* cosas no pueden ser perfectas. Y tampoco en otros países son perfectas, porque Estados Unidos se entrena en una cancha que no tiene aire acondicionado y se entrena en verano en California. Así que no es que todos los demás tienen cosas perfectas. (Pido) cosas posibles, digamos. Pero hay veces que el pedido de cambio y el pedido de calidad, sobre todo, en Argentina es visto como 'Bueno, tenés que entender'. Yo entiendo, yo entiendo muchas realidades, pero hay veces que la gente me dice, usando sinónimos: 'Este es un país de porquería, no podés pedir ciertas cosas'. Y yo no creo que sea un país de porquería. Yo creo que es un gran país, donde hay gente que hace las cosas bien y gente que hace las cosas mal y tenemos que tratar de apoyarnos en los que hacen las cosas bien. Después, errores hay en todos lados porque las cosas no van a ser nunca perfectas. Pero yo creo que la Argentina puede trabajar en alta calidad en la medida que la alta calidad sea un objetivo. Ahora, si nos damos por vencidos y decimos 'No, en Argentina no se puede'... ¿Cómo no se puede? En Argentina se pueden fabricar heladeras que funcionen, se pueden hacer autos que funcionen, se puede tener una universidad que funcione y se pueden tener condiciones de trabajo para el deporte que funcionen. Y creo que las mejoras que ha habido, con el apoyo del ENARD, la Secretaría de Deportes y la Federación, por lo menos para la Asociación de Voleibol, que es lo que conozco, son muy buenas. Nosotros trabajamos en buenas condiciones, pero claro que siempre tratamos de mejorar. Como el equipo trata de mejorar en su juego, tratamos de mejorar en las condiciones. Sin por eso pedir

cosas demasiado caras, que no se pueden, ni demasiado estrafalarias o detalles. No: cosas fundamentales. Y creo que eso se puede en Argentina".

En *DXTV Noticias*, **DeporTV.**

"La sensación de que las cosas no van bien a veces pasa porque los objetivos son demasiado altos. Si no salimos primeros, fracasamos. En realidad, el deporte argentino creo que es un milagro. O sea, en muchos deportes hay muchos argentinos en el primer nivel mundial. A nivel de entrenadores, en el vóley en particular, hay muchos entrenadores en el primer nivel internacional, pero en todos los deportes hay entrenadores que se van afuera. Ese es otro problema: la cantidad de gente que se va afuera. Atletas, entrenadores, etcétera. Por eso yo también me siento en deuda, porque siento que un poco vacié también al país de conocimiento y de participación. Pero yo creo que el deporte argentino puede ser, en cierta manera, un modelo para el resto del país. Porque todos los deportes argentinos, al menos los que yo conozco, casi todos, tienen como punto de referencia el nivel internacional. Todos se comparan con el nivel internacional. Y eso hace que el nivel de eficiencia crezca mucho. ¿Con quién jugamos? En el rugby, contra los neozelandeses y los franceses, entonces hay que ponerse a la altura de esos. Y en el vóley y todo es así. En otras cosas no siempre es así: el punto de referencia es nacional, entonces la calidad por ahí no es tan alta. No porque no se

pueda hacer, sino porque ¿en comparación con quién somos buenos?".

En Radio Del Plata.

"Yo creo que hay algunas cuestiones de mentalidad que son bastante comunes en nuestro país. He trabajado en muchos países y creo que cada país y cada pueblo tienen, como las personas, sus puntos fuertes y sus puntos débiles. Nosotros somos un pueblo que tiene grandes virtudes: somos un pueblo inteligente, audaz, que siempre cree que todo es posible. (...) Vamos para adelante, tenemos empuje y mucha vitalidad y nos sabemos arreglar en situaciones difíciles. También tenemos gente hábil. Pero tenemos algunos defectos, y uno de ellos es que nos agrandamos muy fácil, en mi opinión. Cuando ganamos una vez, enseguida nos creemos los mejores. ¿Por qué esto es importante? Porque cuando un equipo no tiene claro cuál es la situación real y confunde el marketing con la realidad, es un problema.

"Cuando ganamos una vez enseguida nos creemos los mejores. Cuando un equipo no tiene claro cuál es la situación real y confunde el marketing con la realidad, es un problema".

Por ejemplo, Argentina está sexto en el ranking mundial (de vóley). Nosotros decimos: 'Ah, estamos sextos en el ranking mundial. Vamos a salir entre los primeros cinco o seis en los Juegos Olímpicos'. No es así. ¿Por qué estamos sextos

*en el ranking mundial? Porque nosotros juga-
mos el Campeonato Sudamericano, entonces saliendo segundos atrás de Brasil sumamos puntos
cada dos años. Porque organizamos dos finales
de Liga Mundial en Argentina y al organizarlas
ya estábamos clasificados, entonces saliendo
últimos, sextos, sumamos puntos. También sumamos puntos 'verdaderos', pero esto hace que
respecto a los equipos europeos, que en Europa
salir segundo es dificilísimo, porque de los diez
mejores equipos del mundo, hay siete u ocho en
Europa, otro equipo no suma puntos y entonces
está debajo nuestro en el ranking mundial. Pero
eso no significa que estén por debajo nuestro
en la realidad. Hay veces que cuando esto se
usa para publicitar el vóley, con el periodismo,
los sponsors y todos, después se produce un
cortocircuito. Porque después, cuando el equipo
va a jugar, dicen: '¿Cómo pierde? Si es sexto en
el mundo'. Es que no somos sextos en el mundo.
Aparte de esto, que es el ranking, nos ha ocurri-
do en la historia de nuestro deporte principal, con
el famoso desastre de Suecia en el '58, cuando
Argentina hacía tiempo que no jugaba a nivel
internacional y creíamos que al fútbol jugaban
Uruguay, Brasil, Argentina, un poco los italianos
y un 'cachito' los españoles. Fuimos al Mundial
de fútbol y Checoslovaquia nos hizo seis. Después de Suecia se pasó al otro extremo, de que
nosotros no podemos competir con los europeos.
'No, porque la alimentación…'. Todas teorías de
excusas infinitas. Hasta el Mundial '78, que se
empezó a entrenar en serio, que fue una novedad
increíble que se entrenara como en un partido.
Mal, bien, con todas las polémicas, ganamos el
Mundial '78. Vamos al siguiente Mundial, el '82,
somos campeones del mundo más Maradona.*

De nuevo, (creemos que) les pintamos la cara a todos. Nos eliminan en la primera rueda.

"Argentina está sexto en el ranking mundial. Nosotros decimos: 'Vamos a salir entre los primeros cinco o seis en los Juegos Olímpicos'. No es así".

Entonces, cambiar la mentalidad en el vóley pasa por esta historia. Tratemos de ganar algo, tratemos de mejorar y no nos agrandemos si lo logramos. Y no nos confundamos de dónde estamos. En los Juegos Olímpicos le ganamos a Estados Unidos. Sí, le ganamos a Estados Unidos. Un partido. Ahora el próximo hay que ganarle de nuevo. Y después hay que ganarle de nuevo. Entonces, ahí vamos a poder decir que somos mejores que Estados Unidos. Ahora, si le ganamos un partido y después perdemos los siguientes cuatro, no solo no somos mejores que Estados Unidos, sino que claramente son mejores que nosotros. Y esto hay que tenerlo clarísimo, creo, en el vóley y en la vida. Que yo logre hacer algo importante, no significa que eso esté consolidado: significa que esa vez pude. También significa que me tiene que dar confianza, porque si pude una vez lo puedo hacer otra. Pero la segunda vez va a ser mucho más difícil. Mucho más difícil. Y eso es parte del cambio que nosotros tenemos que hacer. El otro cambio que yo les planteo mucho a los jugadores, para usar una expresión futbolística, es que a veces les gusta mucho tirar caños.

"Que yo logre hacer algo importante no significa que eso esté consolidado: significa que esa vez pude".

Yo les digo: '¿Cuántos caños veo en un partido de fútbol profesional? ¿Se hacen cuatro o cinco por partido en 90 minutos? No, yo no veo'. ¿Y por qué no? Porque esto es parte de toda una cultura deportiva que yo, personalmente, no comparto. 'Lo nuestro', 'El potrero' o 'Porque nosotros con nuestra cultura de potrero', se dice. Los potreros no existen más, así que no sé cómo hacemos para tener cultura de potrero cuando no hay. Había cuando yo era chico, pero (hoy) no hay. O casi no hay. Pero, además, ¿qué significa lo nuestro? En los deportes internacionales, en todos, incluido el fútbol, gracias al fenómeno de la televisión y de Internet, lo nuestro no existe más. Pero hace años que no existe más. (...) Hoy, la imagen técnica de cualquier pibe que haga cualquier deporte es una imagen internacional. Porque ven deporte en todos lados gracias a Internet. Y, no conscientemente, su cerebro va formando una idea del juego que es una mezcla de cómo es ese juego en el mundo. Entonces nosotros, los entrenadores, tenemos que ser capaces de exaltar las características individuales, y tendemos a tener algunos jugadores hábiles. Tenemos que tratar de cubrir nuestro déficit en la táctica, y no más que eso. Yo les digo esto a los jugadores: 'Si ustedes piensan que Dios es argentino, les tengo una noticia: Dios no es argentino. Y si lo es, está ocupado de cosas más importantes que el vóley'. Si Dios no es argentino, sino que es de toda la humanidad, se trata de lo que hacemos nosotros. No es que porque somos argentinos somos hábiles. Cambiar la mentalidad, para mí, pasa por esto. Mentalidad específica: cómo tenemos que jugar. Podemos cambiar en la medida en que sepamos lo que somos, (en el sentido) de saber cuáles son nuestras virtudes, cuáles son nuestros defectos, corregirlos y tratar de hacer un cierto juego. En eso estamos".

En una charla en DeporTEA.

"Venían los Juegos Olímpicos '92 (con la selección masculina de Italia) y como el básquet de Estados Unidos tenía un Dream Team, la formulita periodística fácil fue: 'Ah, nuestro Dream Team es el vóley'. Y eso pesó mucho en el equipo. Fue como una mochila, cuando nosotros, además, teníamos problemas de juego y veníamos de un mal año en el '91. No es fácil de manejar, por más que crees mecanismos. Después, perdés 15-17 el último set y dicen: 'Eh, ¿qué pasó?'. Nada pasó, el mote de Dream Team no lo pusimos nosotros. Por eso dije en aquel momento: 'Dream Team no, somos un Team with a dream. Un equipo con un sueño'. Eso pasa mucho en Argentina. Lo digo cada vez que puedo: 'Nosotros no somos el pueblo elegido'. Los argentinos a veces nos creemos que Dios nos eligió a nosotros, que somos los mejores. Y además aclaro: si Dios existe, tiene un par de cosas más importantes de las que ocuparse que una selección de vóley. En este país parece que hacemos dos cositas bien y ya estamos para medalla. No aprendemos, o aprendemos muy lentamente. Hay mil ejemplos para dar".

En *El Gráfico.*

"En Argentina a veces se usan palabras en un sentido raro. Por ejemplo, cuando un pibe es ordenado, respeta las reglas y hace lo que hay que hacer, los chicos usan mucho la palabra 'correcto'. Como un insulto. Dicen: 'Ese es un correcto' o 'Ese es un amargo'. Como que un tipo que respeta las reglas no puede joder, divertirse. La otra que se usa así es que no existen más las personas trabajadoras: son obsesivas. Yo no escucho decir 'Este es un tipo muy trabajador', sino 'Este tipo es un obsesivo'. El tipo dice que se va a dormir porque mañana a las ocho tiene que trabajar y le responden: 'No seas obsesivo, loco. Es lo mismo, mañana te saldrá tan bien como otros días'. Queda como obsesivo, que es una neurosis la obsesión. Y la otra es: si uno pretende y exige calidad, es un 'rompe pelotas'. Entonces, un poco bromeando yo digo: 'Quiero colaboradores correctos, obsesivos y rompe pelotas'. Porque el tema de la calidad creo que es un problema en general en Argentina. Y es un problema no porque no haya gente capaz de producir calidad, que hay muchísima, sino porque se ha creado una microcultura en la cual pretender calidad es ser un rompe pelotas.

"El tema de la calidad creo que es un problema en general en Argentina. Y no porque no haya gente capaz de producir calidad, sino porque se ha creado una microcultura en la cual pretender calidad es ser un rompe pelotas".

Entonces, yo les digo a los pibes: 'Miren a los músicos. Yo pido lo mismo de ustedes. Pueden venir con el pelo largo, pueden ponerse el arito, pueden vestirse como los músicos de jazz o los rockeros, no me importa. Ahora, el músico no desafina'. Porque se quiere morir si lo hace. Está horas no solo para no desafinar, sino para que el sonido le venga como él quiere, que lo quiere de una determinada manera. No puede un tipo desafinar, que uno le diga 'Desafinaste' y responder: 'Bueno, no rompas las bolas. Más o menos'. Y pasa con la gramática, pasa con la ortografía. ¿Por qué en la música no hay esa microcultura? Nadie quiere desafinar porque se nota. Entonces, ¿por qué no con el vóley? ¿Por qué no con una empresa que te construye la casa? Hagamos las cosas bien. Y no que todo tenga una connotación ideológica para justificar, en realidad, el no hacer las cosas bien. Después no es que no está lo otro: está, es normal que esté y en todos los países está, que la gente discute y hay enemigos y amigos. Obviamente, no es que ahora vamos a transformar todo en una cuestión de calidad. Pero en algunas cosas sí. Y en el deporte, sobre todo en un deporte como el vóley, que se parece más al tenis que a otros porque es un deporte de rebote y, por lo tanto, la precisión marca que un centímetro afuera es afuera y se necesita una mentalidad de calidad, de precisión.

"Acá necesitamos hacer 25 jugadas tres veces más que los demás. Y si no, perdemos. Por ahí te dicen: 'Bueno, pero una vez que me equivoqué y me venís a decir'. Es que es esa vez que no vas a ganar".

Muchas veces les digo a los pibes que no sean futboleros, en el buen sentido. No es que una jugada te resuelve el partido: acá necesitamos hacer 25 jugadas tres veces más que los demás. Y si no, perdemos. Por ahí te dicen: 'Bueno, pero una vez que me equivoqué y me venís a decir'.

Es que es esa vez que no vas a ganar. Si cada jugador mejora un error, solo uno, son siete. Nosotros no perdemos por siete puntos los sets: los perdemos por dos o por tres, como cualquiera a no ser que esté muy por debajo. Perdés 22-25, 21-23 y 23-25. Significa que perdiste por dos o tres pelotas. Entonces, significa que si tres jugadores hacen tres errores menos, podemos ganar. Esa idea el tenista la tiene, sin duda, y quiero que vengan tenistas a hablar con los jugadores. Los tenistas siempre hablan de la cosa mental. Porque pesa mucho porque el jugador está solo, todas las pelotas son de él y está esta cosa del rebote: vos no podés controlar la pelota dos veces, y si te equivocaste no podés hacer una falta como en el fútbol. Cada pelota es importantísima. Estamos hermanados en esa problemática, digamos, y hay que crear una cultura de la precisión. Que no significa meterse en la vida de los chicos: pueden hacer lo que quieran en el resto, no es que tienen que ser precisos en todo. No es un modo de vivir".

En *Basta de todo*, **Radio Metro.**

"Yo creo que en la cultura argentina, como en todas las culturas, hay una eterna lucha. Cuando a veces comparo experiencias en distintos países, a mí me parece que en todas las culturas está la lucha entre diferentes niveles de exigencia. El problema es que hay culturas donde es hegemónico buscar la calidad y hay culturas en las que es menos hegemónico. Yo siempre digo: 'Un músico que toque folclore, tango, jazz

o música clásica no desafina'. Es así. No es que es una cosa rara pedir que no desafinen: no desafinan. Están horas no solamente para no desafinar, sino para darle un poquito de color a la música porque no les gusta cómo viene a pesar de que no desafinan. Y en eso hay música argentina, ni qué hablar. Entonces, yo creo que en Argentina está eso. Hay que desarrollarlo y hay que creer no solamente que podemos, sino que está en tantas cosas que se hacen bien en todos los ámbitos. No hay que caer en la cosa fácil de decir 'Esto no se puede porque estamos en Argentina', esa cosa de que parece que nos autodefinimos que no somos capaces de. Yo creo que somos capaces de todo con esfuerzo, con más o menos según las situaciones. Pero no creo que nadie tenga en Argentina un impedimento a priori para lograr la excelencia".

En *No somos nadie,* **Radio Metro.**

"El grupo está en el camino (de llegar a un alto nivel de autoexigencia). Hay jugadores que más, hay jugadores que menos, como en todos los grupos, pero se ha hecho un salto de calidad. El primer salto de calidad lo hemos hecho y ahora viene el segundo, que es el más difícil porque cuando uno ya está... Además, tenemos que estar muy atentos a cómo, y eso no lo sabré hasta que los encuentre y lo charle, inconscientemente en cada uno de nosotros han funcionado los elogios que hemos tenido. Que a veces han sido hasta excesivos, diría yo. Por la parte que me toca a mí, esta cosa que ahora parece que yo

puedo hablar de todo y estar en todos lados. Ya tengo bastante con dirigir equipos de vóley. Y, sobre todo, sí, está bien, hemos hecho pasos hacia delante, pero todavía no estamos totalmente contentos. Tenemos que sentirnos orgullosos, como les dije a los chicos. Al final de la Olimpíada nos reunimos y les dije: 'Ustedes tienen que estar orgullosos. Yo estoy orgulloso de ustedes, el país está orgulloso de ustedes y esto es buenísimo. Ahora, si nos sentamos a mirarnos qué lindos que somos, volvemos para atrás con una velocidad vertiginosa. Ahora hay que seguir trabajando sobre los defectos. Seguir con una gran convicción, pero una gran humildad'. Y, bueno, vamos a ver qué le pasó en la cabeza a cada jugador sobre esto, si lo que inconscientemente queremos es entrar en una zona de confort donde nos halagan o lo que queremos es salir a la cancha de visitante a corregir errores y defectos y mejorar".

En *No somos nadie*, **Radio Metro.**

"No ha habido mayores sorpresas (de mis expectativas) al llegar a la selección. En el sentido de que la selección argentina es una buena selección que aspira a más, y el pasaje de un buen nivel a un muy buen nivel es muy difícil. Es mucho más fácil (pasar) de un nivel bajo a un buen nivel. Si ya el nivel es bueno, pasar a uno más alto en modo estable, sobre todo, es muy difícil. Pero bueno, los chicos han trabajado muy bien. Tenemos que resolver algunas cuestiones, que los cambios se tienen que profundizar y te-

nemos que lograr un crecimiento individual y de equipo más constante, pero hay algunos indicios positivos. Sobre todo, que terminamos bien el Mundial y que en la World League ganamos varios partidos que hacía tiempo no se ganaban. Pero me gusta ir sin muchas proclamas, porque uno de los diagnósticos que yo tengo de nuestra cultura deportiva es que a veces creemos que ya llegamos, cuando en realidad nos acercamos. (...) En base a esa historia y a otras (del fútbol argentino, con los golpes de realidad en Suecia '58 y España '82 cuando se creía que la selección iba a ganar fácil), yo voy muy de a poco y sin grandes proclamas. Le ganamos a Estados Unidos y los eliminamos del Mundial, entonces yo digo: 'Muy bien, fantástico'. Vamos a ver qué pasa el próximo Mundial, cuando Estados Unidos diga 'Ah, ¿ustedes nos eliminaron del Mundial? Ahora vamos a ver'. 'Y ahí vamos a ver'. Tenemos que crecer para no tener una victoria cada tanto. No vamos a ganar siempre tampoco, pero (es) para tener más continuidad de victorias contra los equipos de primer nivel. Por ahora Argentina no está en el primer nivel. Hay un grupo de equipos que están en el primer nivel, que uno de esos es Estados Unidos, a pesar de que nosotros les ganamos, y otro es Italia, a pesar de que nosotros les ganamos, y tenemos que crecer para estar estables en ese primer nivel. Todavía nos falta para eso".

En *Basta de todo*, **Radio Metro.**

"Como les dije a los jugadores, nuestro objetivo general es el de estar en modo estable entre los ocho primeros equipos del mundo. En modo estable significa no ganar una vez cada tanto y, cuando ganamos, pensar que ya estamos. No es así. No vamos a ganar siempre, pero tampoco (hay que) ganar una vez cada cuatro años. Estar en modo estable significa que se gana y se pierde, como les pasa a todos los equipos de ese grupo. Pero, para eso, yo creo que este grupo lo que tiene que pensar es en jugar bien al vóley. Parece una frase, pero no es así. Si pensamos en un resultado preciso, nos va a costar mucho".

En una conferencia de prensa antes de una capacitación en el Club Universitario de La Plata.

"Para empezar, los jugadores argentinos son jugadores que no solamente se entrenan bien, sino que juegan sin tenerle miedo a nadie. En sentido, es un equipo de personalidad. Un punto débil de los equipos argentinos siempre ha sido la continuidad. Que se juegan dos o tres partidos muy bien y después uno mal. O no se juega mal, pero no se juega al máximo. En un Juego Olímpico, un partido no jugado al máximo, aunque no se juegue mal, hace que no se logre pasar a la siguiente instancia. Eso siempre fue un tema, de toda la vida. Esperemos que este equipo lo resuelva. No es que siempre se puede jugar a nueve, pero que se baje de nueve a siete, no a seis o cinco. En ese margen es aceptable. Si se baja más, muchas veces es un problema.

En *Télam.*

"Es importante ser sólidos en la parte mental. Yo les decía a ellos: 'Una cosa es hacerse el duro y otra ser duro'. (No) en el sacar pechito y parece que hay piñas, que nunca hay piñas después y son los guapos de 'Agarrame que lo mato', ¿no? Aparte de que en el deporte las piñas y eso deberían estar afuera. Ser duro significa saber jugar cuando jugamos peor. Ser duro significa soportar los momentos difíciles. Ser duro significa soportar, a veces, la convivencia y las cosas que no nos gustan del otro. Porque si hay problemas entre marido y mujer, imaginémonos en un grupo. No es que somos todos perfectos, sino que sabemos que lo más importante es lo otro y, bueno, dejamos correr. En eso los chicos son un grupo extraordinario. Como siempre he dicho, ellos la motivación la tienen al máximo. Siempre entrenan, siempre trabajan. Tenemos que mejorar la calidad del trabajo. La calidad. La cantidad no es suficiente, como tampoco es suficiente la garra. Se necesita todo. Ahora, ¿qué es lo que el jugador argentino tiene naturalmente? Naturalmente tiene la garra, naturalmente tiene el laburar mucho. ¿Qué es lo que no tiene naturalmente? Naturalmente no tiene el sistema, en eso le cuesta más. Hay otros países a los que les cuesta menos el sistema y les cuesta más (tener) la garra o la motivación para trabajar duro. Cada uno tiene su lado débil y su lado fuerte".

Pospartido en TyC Sports en Río 2016.

"*Nosotros tenemos el problema de que no tenemos continuidad. Hacemos una pelota bien, dos bien y la tercera es un error. Hacemos bloqueo, punto y el saque siguiente es un error. Muchas veces pasa esto, lo hemos hablado. Esto es muy difícil de trabajar en los entrenamientos, porque la emoción que tiene un partido oficial no la tiene el entrenamiento, pero digamos que hay poca resistencia a la tensión. La tensión no es concentración: es la capacidad de responder a un estímulo. Hay poca resistencia, es como que hacemos tres jugadas bien y necesitamos tomarnos un descanso. Y no: la cuarta también tiene que ser buena, la quinta también tiene que ser buena. Después, el mérito del adversario es otro tema. Pero no tenemos que cometer errores que metan al adversario en el partido, como ahora en el tie-break. Lo teníamos cocinado e hicimos dos errores seguidos de nuevo: saque a la red y recepción medio punto alta (en una pelota) que se iba afuera. Son errores que contra equipos más fuertes no nos perdonan. Yo les dije a los jugadores que para mí Bernardinho tiene razón en lo que dice (un entrenador brasileño; en la semana había dicho que Argentina tenía que demostrar consistencia). Yo lo dije desde que llegué hace cuatro años. Nosotros muchas veces hemos vendido humo diciendo 'Estamos acá' para hacer marketing. No sirve.*

"Nosotros tenemos el problema de que no tenemos continuidad. Hacemos una pelota bien, dos bien y la tercera es un error. Digamos que hay poca resistencia a la tensión, que es la capacidad de responder a un estímulo".

Los jugadores tienen que ser conscientes de que nosotros todavía no estamos entre los mejores equipos, porque para estar entre los mejores equipos se necesita algo que Bernardinho llama consistencia, que se puede decir continuidad. O sea, no ganar un partido cada tanto y no hacer cinco jugadas buenas. Hay que ganar cuando cuenta, hay que ganar más de una vez y hay que hacer muchas jugadas buenas, aunque no se puede en todas, obviamente. Eso le falta a Argentina. Le falta esa capacidad, a veces técnica y a veces mental. Sabemos que tenemos déficits físicos con respecto a muchos equipos, que son más altos y fuertes, pero con mayor razón debemos tener esa continuidad. Nosotros hemos tenido en distintos torneos grandes resultados técnicos. Por ejemplo, en la Copa del Mundo fuimos los mejores de ataque con la pelota en los cuatro metros, en los Juegos Olímpicos fuimos los mejores en pike y los segundos en pelota alta, y en esta Nations League fuimos el mejor equipo de los 16 en recepción, pero después venimos a jugar con Estados Unidos y lo peor es la recepción. Eso es no tener consistencia: no logramos consolidar las cosas en un período de tiempo largo. Es un viejo problema de la selección argentina y no sé si yo lo voy a poder resolver, que en realidad yo no lo puedo resolver y lo único que puedo hacer es tratar de incentivar a los jugadores a que lo resuelvan. Son siempre los jugadores los que resuelven las cosas, son ellos los que juegan. Esperemos tener continuidad y que no nos pase que le ganamos algún partido a algún equipo importante, pero después no nos alcanza para clasificarnos".

Luego de un amistoso previo al Mundial 2018 en TyC Sports.

"Me llevo un recuerdo muy bueno de los grupos de jugadores con los que trabajé. Lo he dicho siempre, que la dedicación, el esfuerzo, las ganas y la motivación que ponen los chicos al trabajar son altísimas. Teníamos que mejorar y hay que seguir mejorando en la calidad y en la capacidad de estar siempre concentrados y de respetar el sistema de juego, pero en cuanto a eso tuve realmente una hermosa experiencia".

En la conferencia de prensa de despedida de la selección argentina.

"Nosotros en Argentina vivimos con un mito. Un mito que es muy difícil de cambiar porque es un mito hegemónico. Un mito con el que la mayoría está de acuerdo, pero yo no. Es muy difícil de cambiar porque es un mito que viene desde hace muchísimos años ya en nuestro deporte principal, que es el fútbol. Es la idea de que nosotros somos más habilidosos que los europeos. Mi equipo quiero que tenga las ideas claras: nosotros no la tenemos innata la habilidad, hay que entrenarla, hay que trabajarla, hay que mejorarla y tiene que servir para resolver situaciones".

Durante el Mundial 2014 en *DXTV Noticias*, **DeporTV.**

"Uno no puede ir a motivar a una persona con la propia motivación. Porque uno puede tener una

determinada motivación, pero con el que está
hablando tiene otra".

En *99% La disciplina del éxito*, LA NACIÓN.

"El mercado ya está saturado con eso (la mo-
tivación con videos). Antes que dar a Al Pacino
hablando, prefiero yo hacer de Al Pacino y listo.
Motivo mucho sobre la realidad concreta de cada
jugador".

En *El Gráfico*.

"Cada jugador es diferente. No se puede motivar
a uno con la propia motivación. Por ahí la de uno
es jugar por la plata, otro juega por el sueño,
otro juega por el equipo y otro juega por los
colores. Entonces, hay que tratarlos diferente.
Eso no significa que uno no viene a entrenarse y
el otro sí, no se trata de esas diferencias".

En *La llave del gol*, **FOX Sports**.

"Me molestan las excusas. (...) Muchas veces
nos perdemos en excusas que, en cambio, se
pueden resolver en la medida en que pongamos
la creatividad al servicio de resolver la situación
como es y no como debería ser. Yo me acuerdo

*que cuando era juvenil íbamos a jugar al vóley
a Mar del Plata y jugaban todos: los futbolistas,
los del rugby, los del básquet, todos. Y había
una fila de equipos, había que ganar para poder
seguir jugando. Y algunos compañeros míos por
ahí tiraban la pelota a la red en lugar de hacer
puntos y yo, que entonces no era muy didáctico
a los 18 años, les reclamaba. Me decían: '¿Sabés
qué pasa? Es que con la arena no puedo saltar
bien'. Les respondía: 'Tengo una noticia para
vos: en la playa hay arena y no parquet. Tenés
que saltar como en la arena. Si hay arena, hay
arena. Y si el viento te lleva la pelota para allá,
levantá acá así te la deja en el medio'. Pero
esa creatividad sale en la medida en que vos te
pongas en el problema y en que la solución es
esta".*

En *Animales sueltos,* **América.**

*"Yo sé que no hubiera llegado a donde llegué
sin toda la experiencia argentina, sin la educación argentina y sin el espíritu que tenemos los
entrenadores y los profesores en Argentina. En
efecto, en Italia yo soy famoso no solo por las
victorias, sino por el hecho de que he hecho una
batalla a la cultura de las excusas, que es muy
fuerte acá y allá. A veces, me sorprendía que
en Italia decían: 'Pero nosotros no podemos,
porque no tenemos esto, no tenemos lo otro y
no tenemos lo otro'. Y yo decía: 'Si ustedes no
tienen, imagínense de dónde vengo yo'. A mí
me parecía que acá (en Italia) había de todo, la
verdad. Y muchos de los logros que he consegui-*

do acá tienen que ver con eso, con ese espíritu que nosotros tenemos de arreglarnos con lo que tenemos, de no aflojar y de buscarle la manera".

En una charla con docentes de "Cátedras de Vóley en profesorados de Educación Física".

"Fue una victoria (ante Brasil por 3-2, en la final de los Juegos Panamericanos Toronto 2015) que entusiasmó a la gente porque creo que el deporte es, fundamentalmente, emoción más que técnica, aunque por supuesto que se necesita la técnica. Y la gente se emocionó de ver un equipo argentino que no aflojó en un momento muy difícil, que siguió peleando, que a pesar de que el rival estaba jugando mejor siguió jugando al máximo y que revirtió un partido que estaba prácticamente perdido. Creo que por eso fue que esa final entró tanto en el corazón de la gente y creo que hay que estar orgullosos de estos chicos. Porque realmente lograron una victoria que va más allá de lo técnico y que tiene que ver con los valores deportivos de no aflojar nunca, aun cuando el rival está jugando mejor".

En *DXTV Noticias*, **DeporTV.**

"Espero que la gente del vóley y el público en general estén orgullosos de este equipo, de este grupo de jugadores. Espero que los resultados confirmen esto, porque a veces cuando los resul-

tados no están, no se llega a ver todo el esfuerzo que los jugadores hacen. Creo que yo es algo que he dicho siempre, que con este grupo no me tengo que enojar nunca para que entrene. En todo caso, tengo que intervenir para que mejore la calidad, pero no para que ponga toda la voluntad. Y en esta última etapa pueden todavía más, así que tengo mucha confianza y estoy contento con el equipo. Vamos a tener altos y bajos, porque es normal que sea así, y también tendremos que saber jugar cuando tengamos momentos malos y no dejarnos ir ni deprimirnos, sino saber recuperarnos y aprovechar los momentos buenos. Es un Mundial muy difícil. (…) Pero, como sabemos todos, la verdad está en la cancha, no en las previsiones anteriores ni en quién es el mejor jugador del mundo, quién es este o quién es el otro y si son más altos o no. Nosotros vamos a ir con mucha confianza, con mucha convicción. Pero con mucha humildad, como les insisto siempre a los chicos. La combinación de convicción y humildad claro que es una buena combinación. Solo con convicción, después en los malos momentos no sabemos cómo reaccionar porque no hemos tenido la humildad suficiente antes, y (tener) solo humildad no nos permite soñar con ganarles a equipos más fuertes sobre los papeles. Entonces, en esa combinación vamos a tratar de llegar al máximo".

En una conferencia de prensa en medio de una serie amistosa ante Cuba antes del Mundial 2018.

"Me preocupan las redes sociales, porque le digo algo al jugador en un determinado mo-

mento, pero la familia, los amigos, la prensa y las redes en general por ahí focalizan en otro lado. Antes leían el diario al día siguiente y un recuadrito, ahora es al instante y la presión de todos es continua y permanente. Es más difícil".

En *El Gráfico.*

"Yo no creo mucho en eso de querer es poder, que se usa mucho en el coaching. Siempre digo que si eso fuera cierto, yo hubiese jugado de '10' en Estudiantes de La Plata y no al vóley. No es así. Además, lo que uno quiere es, a su vez, lo que uno puede. Es un binomio que se autoalimenta. A mí me hubiera encantado tocar un instrumento, me hubiera encantado ser músico, que la música para mí es un misterio y admiro a cualquier músico. Por algo nunca probé, evidentemente no era bueno. Es una relación entre las dos cosas. Porque si no, a la gente le estamos diciendo 'Vos no sos rico porque no querés'. Todos serían ricos, y no es así. Hay gente a la que le cuestan más ciertas cosas. Además, creo que es muy importante decirles a los jóvenes, sobre todo, y a la gente en general, que no existen las cosas fáciles y difíciles. Existen las cosas fáciles para mí y las que para mí son dificilísimas. Y para otro al revés. Se trata mucho de encontrar y hacer las cosas que a uno le son fáciles. Porque hay veces que hay gente que fracasa porque se mete a hacer cosas que no le son fáciles, para las cuales no es buena. A veces no hace cosas que le salen fácil porque se

gana menos plata, entonces trata de hacer cosas en las que se gana mucho, pero no es buena para eso. Los negocios, por ejemplo. ¿Cuánta gente hace negocios y no sabe hacer negocios? En cambio, por ahí es buena para hacer otra cosa. Pero, claro, si hace un negocio bien se llena de plata, entonces decide hacer negocios y termina fundida, deprimida. Pero ¿se preguntó si sabe hacer eso? Porque a mí muchas veces me dicen: 'Ah, vos sos exitoso. Vos sabés hacer todo'. Yo no sé hacer todo, sé hacer dos o tres cosas y me dediqué a esas que sé hacer. Si me dedicara a una cosa que no sé hacer, por ahí sería un desastre. No es que existen los tipos que saben hacer todo".

En *Animales sueltos*, **América.**

"No pretendo una línea única técnica, porque yo creo que es una pobreza cuando en un país hay una sola línea. De cualquier cosa que sea. Yo creo que las diferentes opiniones, las diferentes escuelas y los diferentes modos de ver las cosas son siempre una riqueza. Después, obviamente, cada uno en su equipo lleva adelante la propia. Pero creo que no hay que cambiar de pensador único, sino que lo que hay que hacer es tener diferentes opiniones y acostumbrarnos a esto. Porque puede ser, también, un aporte del deporte a algo que es fundamental para nuestro país, que es la cultura democrática. O sea, la democracia no es solamente un sistema político: es una cultura en la que hay que aceptar que haya otros que

piensan muy diferente, siempre y cuando sea en las instituciones, en las opiniones. Y no hay que creer que como yo tengo la razón la tengo que imponer, porque entonces eso es un origen de conflicto permanente. Desde la Federación, creo que en el movimiento del vóley se está dando un aporte de eso. Porque hay opiniones diferentes y está bien que las haya, hay intereses diferentes y está bien que los haya, pero dentro de un marco de trabajar todos para el mismo deporte".

En Radio Brisas.

"Los jugadores italianos no se adaptaban a las condiciones de vida en el exterior. Sufrían mucho con el cambio de huso horario, también con la comida, y entonces les propuse: 'Vamos a desarrollar nuestra adaptabilidad. No puede ser que queramos ser duros jugando y después nos deprimamos si no comemos la pastasciutta'. Les dije: 'A mí me encanta la pastasciutta, pero vamos a comer lo que haya'. En esa época, los equipos italianos se llevaban su comida y la preparaba el kinesiólogo, con la consecuencia, además, de que los que te recibían te miraban como el culo. Es como si te invitaran a comer y te aparecés con el táper con la comida de tu mamá. 'Usted no entiende. La pasta tiene hidratos de carbono que se transforman en glucógeno, que es el motor del músculo', me argumentaban. 'Las papas búlgaras y el arroz chino también tienen hidratos de carbono, no me rompan las bolas', les contestaba. Y se ter-

"minaron adaptando enseguida. Pero no es que les prohibí la pasta, porque, de hecho, estando en Italia comíamos pasta".

En *El Gráfico.*

CAPÍTULO 7
MÉTODO

Entre todos los conceptos vinculados al deporte de difícil definición, este es uno de los más utilizados. Muchas veces empleado de manera vacía o sin terminar de entender a qué se refiere exactamente; responder qué es el método ha generado más de un dolor de cabeza. Especialista en simplificar términos y llevar distintas ideas a palabras, Velasco también se ha ocupado de desmenuzar este aspecto.

"El método es la mejor manera de hacer algo. Es un modo de hacer algo que resulta eficaz. Uno está siempre en la búsqueda de distintos modos para encontrar el más eficaz. Uno no puede buscar uno solo porque se trata de personas, grupos y nacionalidades diferentes. Cuando uno entrena un club, por ejemplo, hay extranjeros y a veces hay cuatro nacionalidades diversas. Entonces, uno no puede tener un esquema rígido porque unos jugadores lo van a seguir y otros, no. Después, por lo menos en la experiencia que yo hice, sobre todo la de Irán, que la hice por eso y para ver cómo era una cultura tan diferente, las cosas fundamentales son las mismas. Por lo menos en estos países que yo conozco".

En *99% La disciplina del éxito*, *LA NACIÓN.*

"Yo creo que 'el' método no existe, pero existen varios. El método es el mejor modo para lograr algo. Que no significa que sea esquemático, que tenga paso uno, paso dos y paso tres. Depende de lo que se trate, el método es más simple y esquemático o más complejo y flexible. Pero en cualquier cosa se busca un mejor modo para hacer. Y cuando se encuentra, con las modificaciones del caso, se aplica. El método es algo más práctico que la filosofía. Yo siempre doy un ejemplo: los maestros tienen un método para enseñar a leer y escribir. Todos los chicos que van a la escuela aprenden a leer y escribir. Todos, el más inteligente y el menos inteligente. Y es

un método lo que se aplica. Después, uno puede tener otro, puede tenerlo más rico, pero es un método que todos los maestros aprenden. O como los médicos, que cuando tienen una operación estándar tienen un método".

En *Animales sueltos,* **América.**

"Un aspecto del método es con los jugadores, donde lo que trato es que ellos participen. Porque el jugador tiende, y más si respeta al entrenador, a hacer lo que el entrenador dice. Porque es más cómodo, es la ley del menor esfuerzo. El ser humano busca siempre, incluso a nivel fisiológico, el menor esfuerzo. Yo los estimulo a que participen. Por eso les hago muchas preguntas, no siempre les digo: 'Esto se hace así'. Los hago llegar a la conclusión a través de ellos mismos. Por ejemplo, les pregunto: 'Vos usaste esa solución. ¿Funcionó? No. ¿Por qué?'. Y al principio, cuando no están acostumbrados, se quedan. 'Por esto', dicen. '¿Qué otra solución puede haber?', pregunto. Por ahí pierdo un poquito de tiempo, pero después eso funciona".

En *99% La disciplina del éxito,* **LA NACIÓN.**

"Yo creo que los tiempos en el deporte se han acortado mucho, y en parte tenemos que aceptarlo. En el sentido de que tenemos que encontrar metodologías, estrategias y modos de trabajar que acorten los tiempos. Porque todo va más rápido, no solamente en el deporte. Todo es a una velocidad enorme. Lo que yo me he preocupado de estudiar en estos últimos años, que obviamente no soy el único, pero me encuentro muy identificado con algunos colegas de Estados Unidos, es cómo entrenar para conseguir resultados más rápidamente. Cómo hacer para que los jugadores aprendan de un modo más rápido y efectivo. Y en eso estamos, tratando de lograr eso. Pero está claro que no somos los únicos, ¿no? Están los demás que también hacen los mismo".

En Radio Brisas.

"A mi método incluso lo he cambiado últimamente, a pesar de tener tanta experiencia. Yo trato de profundizar sobre todo en la parte didáctica, en la parte metodológica. Porque la parte específica del vóley uno la hace casi naturalmente, no cambia tan rápido un deporte. En cambio, el tema del método es fundamental porque nosotros hacemos un trabajo, un oficio, en el cual no hacemos nada. Nosotros hacemos hacer. Esa es la clave. Nosotros hacemos hacer a los protagonistas, que

son los jugadores. El método de cómo lograr eso es determinante".

En *99% La disciplina del éxito,* LA NACIÓN.

"Estoy entrenando tal cosa y el jugador, solo, después la aplica en el juego a base de repetición. Esto no es así. Claro que hay jugadores que lo logran hacer más fácil porque son los mejores. Pero si usáramos un método donde los ejercicios en los que se hace muchas veces algo porque se quiere focalizar en eso y mejorarlo fueran en modo más continuo y permanente, se relacionarían con el juego y el deportista menos inteligente también sabría jugar".

En *La llave del gol,* **FOX Sports.**

"La otra vez me preguntaron: '¿Qué opina de que en la Argentina faltan líderes?' Y contesté: 'No estoy de acuerdo. En la Argentina no faltan líderes, lo que faltan son método, procesos e instituciones'. Líderes hemos tenido demasiados. Necesitamos procesos de crecimiento, y eso implica un método y tiempo. Acá parece que todo depende de la capacidad individual".

En *El Gráfico.*

CAPÍTULO 8
SER ENTRENADOR

Dentro de las distintas maneras de ejercer este oficio (con un mayor o menor nivel de implicancia en otras áreas del club o el seleccionado, con una mayor o menor división de tareas dentro del cuerpo técnico, con un mayor enfoque hacia un determinado aspecto, etcétera), hay necesidades y tareas que son inalterables. Por ejemplo, si bien el convencimiento del grupo se puede alcanzar más por conocimientos del deporte o más por la construcción de relaciones firmes y atención a los detalles personales-humanos, es una certeza que un paso fundamental hacia la consecución de los objetivos se da al conectarse con los jugadores (o el atleta, en el caso de las disciplinas individuales) para sacar su mejor versión.

De la gestión del vestuario a la del éxito —o el fracaso—, pasando por el método, el logro de un rendimiento destacado y la implantación de una mentalidad adecuada, ser entrenador abarca una amplia cantidad de puntos. Más allá de sus reflexiones y afirmaciones sobre estas áreas, Velasco también ha desglosado otros elementos necesarios para desarrollar la función de director técnico: describiendo cuáles son las claves de este rol, remarcando la pasión como un componente esencial, ratificando la relevancia de la sabiduría específica y detallando otros aspectos (como las diferencias entre trabajar en el fútbol y en otros deportes o las pautas fundamentales en las prácticas), el platense ha elaborado una pintura general de qué representa esta figura.

"Nuestro trabajo se trata de encontrar la forma. Así como cuando uno aprende a jugar a la pelota, que yo me acuerdo que ponía la de goma contra la pared y probaba así, probaba asá, no me salía y probaba, para entrenar uno hace lo mismo para convencer a los jugadores. Pruebo de esta manera. Si no va porque no me escucha, pruebo de esta otra y lo mando a un colaborador mío a que le hable, a ver si a él lo escucha más porque por ahí conmigo está enojado, o me tiene demasiado respeto, o tengo una distancia muy grande o no sé por qué no le entro. Hay que encontrarle la vuelta. Si nosotros no logramos que los jugadores hagan lo que nosotros les decimos, es inútil que sepamos lo que hay que hacer. Porque los tantos los tienen que hacer ellos. Y por eso es muy difícil pasar de jugador a entrenador: cuando uno es jugador hace las cosas, pero cuando uno es entrenador, no".

En *Estudio Fútbol*, **TyC Sports.**

"Para mí, la primera cosa que tiene que entender un jugador que pasa a ser entrenador es que cuando él jugaba hacía las cosas, pero cuando pasa a ser entrenador no hace más nada: todo se trata de hacer que los otros hagan. Es una diferencia. ¿Yo qué hago? Nada. Yo trato de convencer a los jugadores, mostrarles que lo hagan ellos. Hacen todo ellos. Como máximo, yo puedo hacer un cambio o pedir un tiempo muerto. El exjugador cree, como yo también creí cuando empecé a entrenar, que los consejos que uno les daba a los compañeros cuando jugaba

son más o menos lo mismo, que uno después va al banco y hace lo mismo. No, no es lo mismo. Primero, uno tiene una visión desde dentro de la cancha, pero cuando sale tiene la visión desde afuera. Y (adentro) la tiene desde un rol, mientras que cuando sale la debe tener desde todos los roles. Cambia todo. ¿Cómo hago yo para convencer a los demás de hacer las cosas? De esto se trata".

En *La llave del gol*, **FOX Sports.**

"Uno cambia constantemente el entrenamiento. Yo voy cambiando permanentemente, porque veo que la cosa no va y la cambio. Es una búsqueda el entrenamiento. No es un mensaje unilateral: es una búsqueda a ver si funciona que logren hacer ciertas cosas. Hay veces que una cosa no funciona, la dejo y pruebo con otra. Eso es constante. A veces, los entrenadores preparamos un plato sin probarlo, se lo damos a los jugadores y el que no lo come con ganas le decimos al dirigente que nos lo cambie, que lo venda. A veces nos falta eso. Y eso es producto del poder, de decir: 'Pero ¿por qué no le gusta? Por ahí le puse mucha sal yo'. En el entrenamiento, todos lo que entrenamos a máximo nivel lo sabemos, hay una cosa que es clave, que es la participación del jugador. ¿Se está entrenando él y me usa a mí para entrenarse mejor, o yo los estoy entrenando y me hacen caso porque soy el que manda y si no (me hacen caso) no los pongo en el partido? Si yo logro que ellos entrenen, que participen, que sepan por qué hacen las cosas… Yo a veces los engaño: les hago hacer una cosa que es una taradez, y si

la hacen me enojo como una bestia. Les digo '¿Por qué hicieron esto?', y me responden: 'Y, porque lo dijiste'. '¡Pero esto es una taradez!' No tiene ningún sentido lo que les dije de hacer. Por qué no hay ninguno que me diga 'Míster, ¿por qué nos hace hacer esto?'''. No que me diga que es una taradez, porque un pibe no se anima, pero sí preguntar por qué se hace si no tiene nada que ver con el juego. Lo hacen porque ponen piloto automático y van. No, eso no sirve. Es mejor entrenar menos, pero con mucha participación".

En *Entrenadores*, **DeporTV.**

"Yo voy corrigiendo todo el tiempo, viendo qué funciona y qué no. Siempre es un juego de equilibrio, entonces hay veces que uno apunta mucho a una cosa, se va de mambo y hay que bajar un cachito para aumentar en otro lado. Hay veces que los he retado mucho; otras veces, poco. Hay veces que no les hablo lo suficiente del sueño y hay veces que tengo que tener cuidado porque se prenden rápido. Estoy siempre buscando a ver cuál es el equilibrio justo, y para eso hay que escuchar lo que viene de ellos. Es como leer entre líneas. No es que ellos hagan algo, porque no hacen nada, pero uno tiene que darse cuenta lo mismo. Verles los ojos, ver cómo se mueven, si están fastidiados o entusiasmados".

En *99% La disciplina del éxito*, **LA NACIÓN.**

"Yo hago esas cosas (entrenar algo específico con ejercicios en los que el ataque se pone "al servicio" de la defensa, o al revés, para trabajar un aspecto puntual), pero muy poco tiempo. Muy poco tiempo. Solo para que se entienda cómo se defiende, en este caso, esa situación. Solo para que se entienda. Después, enseguida les creo dos o tres variantes. 'Esta, esta o esta. A ver cómo lo defendemos', les digo. O dos, y después tres y después cuatro. Y tienen que interpretar y resolver, interpretar y resolver. Es crear la mayor cantidad de situaciones posible, sin necesidad de llegar al juego propio, donde siempre haya que interpretar la situación y elegir una solución".

En *Entrenadores*, **DeporTV.**

"Yo creo que los entrenadores, como los padres y los profesores de escuela, tenemos un rol en la sociedad. Que no es solamente ganar partidos, o que los chicos se reciban en el colegio o que los chicos lleguen a 18 años, como es en el caso de los padres. Es tratar de mejorar a los chicos. Si no hay una vocación docente, uno no lo siente eso. Yo, en realidad, iba a ser profesor de colegio, mi ambición era muy chiquita. Empecé a entrenar vóley por circunstancias en las que no tuve nada que ver. Y eso lo tengo adentro: mi mamá era profesora".

En *99% La disciplina del éxito, LA NACIÓN.*

"Mientras dirigía en Defensores (de Banfield) jugué un año en River, y al poco tiempo Luis Lufrano, el DT de GEBA, me ofreció ser entrenador de mini vóley. Es decir: entrenar a los chicos de 10 a 12 años, los que no saben nada. Y enseñar a los chiquitos te cambia totalmente la perspectiva. Ahí no podés decir: 'No, esto se hace así'. Ahí tenés que desarrollar la parte didáctica y pedagógica. Eso lo hice un año en GEBA, y luego en Ferro y en la Universidad de Belgrano".

En *El Gráfico.*

"Yo, en realidad, quería ser profesor y no entrenador. Empecé a entrenar de casualidad. Mi idea era ser profesor de colegio: estudiaba filosofía en la facultad para ser profesor de colegio, no para ser investigador. Y, bueno, por circunstancias de la vida me puse a entrenar, me gustó y después hice el Instituto de Educación Física ya de grande. Pero siempre mantuve una predisposición muy grande por la conceptualización de las cosas: trato de conceptualizar cosas que a veces todos sabemos, pero que por ahí no logramos explicar en modo sintético y claro. En la experiencia en Irán, que tenía que entrenar en inglés y que había un traductor porque no todos lo hablaban perfectamente, tuve que conceptualizar todavía más, porque no podía hablar mucho. Eso me ayudó todavía más a tratar de buscar las palabras clave que explican un tema que por ahí es más complejo".

En *Entrenadores,* **DeporTV.**

"Escucho muchísimo hablar de la altura y de la fuerza física de nuestros jugadores, de que no tenemos mucho biotipo. ¿Es verdad? Es verdad. Si yo tengo que decir cuál es la cosa que cuesta más, es que no tenemos muchos jugadores altos y/o fuertes, o que salten mucho o sean rápidos. Hay, pero no muchísimos. Hay otros países que tienen más. ¿Es un problema? Es un problema. Dicho esto, el equipo americano de voleibol masculino que hizo historia tenía tres jugadores que no llegaban a 1,90 (m.), y si llegaban lo hacían ahí. El equipo brasileño que dominó por diez años tenía a Giba, Ricardinho, (André) Héller cuando jugaba, que si no lo hacía tenían un central alto, y (André) Nascimento, que era un opuesto de 1,97, flaquito, con cara de buen chico y poco agresivo. Ganaron todo por diez años. Entonces, es cierto que tenemos ese problema. Es cierto que en estos últimos diez años los distintos staff de las selecciones juveniles han hecho un trabajo extraordinario, porque vemos en mujeres y en varones que hay chicos altos. Y que hay que seguir haciéndolo, porque no quiero salir de acá y que digan: 'A Velasco les gustan los chiquititos'. No, no es que me gustan los chiquititos. Pero digo que con algunos jugadores que no sean muy altos, si se juega bien al vóley, se puede ganar.

"¿Por qué hablamos todo el tiempo de la altura, de la parte física? Porque, justamente, la altura, la parte física, es lo que podemos modificar poco. Pero en lo otro podemos modificar mucho".

Además, agrego: ¿nosotros tenemos todos jugadores y jugadoras con el problema de altura que reciben bien, defienden extraordinariamente, levantan bien, erran poco el saque y meten en dificultad al adversario, todas cosas que no dependen mucho de la envergadura física, y después sufrimos en el bloqueo de lectura porque nuestros centrales no son de 2,05 (m.) y la ayuda del bloqueo no llega a tocar la pelota y por ahí alguna bestia nos pega por arriba, pero lo otro lo hacemos muy bien? ¿O mientras estamos lamentándonos porque no tenemos jugadores altos nos cuesta encontrar jugadores buenos en recepción? Ahora, ¿por qué nos cuesta encontrar jugadores buenos en recepción, si la recepción no tiene nada que ver con la altura? 'Ah, porque el problema es otro', dicen. Ah, ¿era otro? Pero si es otro, ¿por qué hablamos todo el tiempo de la altura, de la parte física? Porque, justamente, la altura, la parte física, es lo que podemos modificar poco. Pero en lo otro podemos modificar mucho. Ahora, el opuesto: es mejor si es como Ivan Milijković, pero (Mariusz) Wlazły, campeón del mundo el año pasado y mejor jugador del Mundial, es chiquitito y flaquito. 'Ah, pero es rápido'. Ah, pero entonces cambia la cosa. 'No, pero los músculos tienen que ser grandes', contestan. Pero Wlazły es flaquito así, y Nascimento también es flaquito así. 'Ah, pero Milijković', dicen. Justo el que no tenemos, mirá vos. Justo el que no tenemos es el que nos gusta más. Uno como Wlazły no va bien. 'Ah, pero Wlazły hay uno solo'. Y Giba también hay uno solo, y así con varios. Entonces, yo creo que los estereotipos de una solución, 'la' solución, no existen. Lo que tenemos que hacer es desarrollar la tan famosa creatividad argentina para buscar soluciones con lo que tenemos. Y no que tengo un equipo de chicas que no son altas y digo: '¿Y qué querés? Mirá lo que tengo que entrenar', pero en realidad tengo un equipo de chicas chiquititas que reciben, defienden, juegan. ¿Tengo eso y después me falta, para el salto final, la altura, o porque no tengo la altura me deprimo y no entreno ni eso bien, porque no tengo 'talentos'? ¿O no será que a *nosotros nos gusta tanto el talento porque nos quita parte del trabajo?*

"El placer nuestro tiene que ser el placer de un artesano. De uno que lo hace con las propias manos, que va construyendo, que va enseñando, que va ayudando y que está contento por los progresos. No por el objetivo final".

O sea, al jugador con talento le digo 'Hacé así' y va y lo hace. Pero yo siempre he dicho en los cursos de entrenadores que yo he aprendido mucho con los jugadores malos, no con los buenos. Porque al malo le decía 'Hacé así' y no le salía, entonces tenía que buscar por acá y por allá, y le preguntaba a otro entrenador y después a un profesor de un Instituto de Educación Física. Le iba buscando la vuelta. Las técnicas uno las va adquiriendo con los malos. Al que es un fenómeno le decís 'Hacé así', le mostrás un video para que haga como ese y ya está. Ahora, el placer nuestro tiene que ser el placer de un artesano. De un artesano, no de un industrial. De uno que lo hace con las propias manos, que va construyendo, que va enseñando, que va ayudando y que está contento por los progresos. No por el objetivo final, no porque llegó a la selección y no porque es el mejor del mundo, sino porque empezó acá y trabajando llegó acá, y eso me llena de satisfacción. Yo estoy seguro de que a todos los entrenadores que hablaron les ha pasado eso en su vida como entrenadores. El primer placer de un entrenador es ver crecer a sus jugadores, y el segundo es la victoria que después obtiene con esos jugadores, que por supuesto es importante y nos llena de satisfacción".

**En el simposio de entrenadores argentinos
"Juntos x el vóley".**

"Quiero agradecer especialmente a todos los jugadores que he tenido y que me han permitido ser quien me he convertido. Porque un entrenador no es más que su propio equipo. Todo lo que hace un entrenador es ayudar a sus jugadores a que hagan. En este momento recuerdo a cada uno de ellos. No solo a los más fuertes, porque muchas veces un entrenador aprende más enseñándoles a esos jugadores a los que las cosas no les son fáciles".

**De la carta en la que anunció su retiro
como entrenador.**

"A los entrenadores jóvenes siempre les digo: 'A un entrenador les tienen que gustar sus propios jugadores'. Hay entrenadores a los que siempre les gustan los jugadores de los otros. Una vez, un entrenador muy importante de básquet, que nos juntamos en Europa, me dijo: 'Pero ¿cómo hacés? Yo ahora estoy con este equipo y no me gusta. Yo tengo que entrenar jugadores mejores'. Y me acuerdo que le dije: 'Bueno, apelá a tu ego. Que te gusten porque van a ser el instrumento para mostrar qué bueno que sos. Pero te tienen que gustar. Por algún motivo te tienen que gustar'. Porque los jugadores se dan cuenta, son como los hijos. Uno puede decir cualquier cosa y ellos se dan cuenta de lo que uno piensa, de lo que uno siente. Entonces, bueno, me gustan porque es un desafío para mí. No es muy bueno y yo voy a trabajar tanto con él que lo voy a hacer jugar bien. No va a ser una estrella, pero va a jugar bien. Y, bueno, me gusta por eso. Pero me

gusta, en definitiva. Voy a entrenar con ganas de entrenarlo porque sé que puede dar más. No va a ser nunca uno de los mejores, pero puede hacer su función en el equipo. Y si no, hay que irse. Si a uno realmente sus jugadores no le gustan, y pasa, hay que irse. Hay que retirarse en orden. A mí me pasó que no me gustaba cómo manejaban las cosas los dirigentes y me fui. Porque quedarse para después poner de excusa que los dirigentes no hacen el equipo que yo quería o qué, no. Las excusas no sirven".

En *Basta de todo*, **Radio Metro.**

"Yo creo que el Mundial '82, y podría ocurrir lo mismo con el oro del Panamericano de ahora (Toronto 2015), el bronce del '88 (JJ. OO. de Seúl) o el oro del '95 (JJ. PP. de Mar del Plata), dejó cosas muy positivas, pero también alguna negativa. La positiva fue que el vóley fue muy popular, se conoció por primera vez en televisión, los jugadores pasaron a ser famosos, etcétera. La negativa es que en Argentina se empezó a usar demasiado la palabra talento. Una de las conclusiones fue que parecía que ese equipo había nacido del descubrimiento casi azaroso de seis, siete u ocho talentos que nadie sabía de dónde habían salido. Y que con el genio de un entrenador extranjero (Young Wan Sohn) habían logrado la medalla de bronce. Es más: nunca me voy a olvidar de una nota en El Gráfico en la que parecía que el equipo se había entrenado corriendo ñandúes en la Patagonia y levantando piedras en Tandil. En realidad, ese equipo estuvo por dos años con los jugadores a disposición exclusiva de la selección. '¿Con

qué dinero?', dirán ustedes. Con el dinero de los padres de los jugadores. No les pagaban nada, ni el viaje en micro. Ese equipo se entrenaba en un gimnasio con las máquinas Nautilus, no levantando piedras en Tandil. Y viajó por todo el mundo como ningún equipo lo había hecho antes. Esos jugadores no nacieron del descubrimiento de un talento que no se sabía de dónde había salido, sino que nacieron de clubes. Con algunos entrenadores de los que nadie sabe el nombre y con otros, en cambio, de los que sí se sabe la historia que hicieron. Yo recién el año pasado pude conocer, finalmente, la famosa pileta de Obras de San Juan. Porque todo el mundo habla de la pileta, pero ese es un club de vóley como pocos en el mundo, en el que el vóley es el 90% de la actividad del club. (…)

"Nosotros, los entrenadores, tenemos que confiar más en el trabajo que podemos hacer. Mientras hacemos ese trabajo no nos preocupemos, que si hay un talento de verdad va a crecer muy bien".

¿Por qué digo que esto es importante? Porque una de las cosas que yo creo que el vóley argentino necesita recuperar al 101% es la confianza de que el trabajo de todos los entrenadores, no solamente de los que llegan al vértice, es determinante para el crecimiento del deporte. Cuando yo escucho demasiado la palabra 'talento', pareciera ser que todos los clubes, todos los equipos, lo que tienen que hacer es encontrar talentos. No, no es así. Lo que tienen que hacer todos los clubes es encontrar chicos y chicas que jueguen al vóley. Muchas, muchos. Cientos, miles, millones. Los talentos van a surgir solos. Necesitamos, primero, cantidad. Necesitamos que el vóley sea popular. Necesitamos que la gente que juega al vóley siga jugando hasta veteranos.

Necesitamos que cuando haya una World League haya un torneo de chicos en la misma ciudad. Y la selección y la Liga Nacional sirven para eso. Sirven para crear interés y que la gente se acerque al vóley. ¿Por qué digo que con la palabra talento muchas veces siento un poco de rechazo? Porque la usamos desmedidamente. Cada vez que hay un chico o una chica que juega más o menos bien, decimos 'Ah, encontré un talentito' o 'No, porque hay que encontrar talentos'. ¿Todos vamos a encontrar talentos? ¿Cuántos talentos hay en un deporte? ¿Estamos seguro de que el chico o la chica que cuando es más chico o chica juega mejor va a ser el jugador del futuro? Hay infinidad de ejemplos de que no es así. Ginóbili, en el básquet, nunca estuvo en una selección juvenil. A Messi nadie le quiso hacer las curas en Argentina porque costaban mucho, y la familia lo llevó al Barcelona porque el Barcelona sí estaba dispuesto a pagar las curas que se tenía que hacer. Entonces, yo creo que nosotros, los entrenadores, tenemos que confiar más en el trabajo que podemos hacer. Mientras hacemos ese trabajo no nos preocupemos, que si hay un talento de verdad, va a crecer muy bien. Pero nosotros tenemos que pensar en los otros. Tenemos que creer en los otros. Tenemos que formar grupos hechos por otros, no por los talentos. Los grandes jugadores, aunque les peguemos martillazos en los dedos, van a venir buenos. No dependen tanto. Lo que sí depende es la cantidad de jugadores buenos que se tengan".

**En el simposio de entrenadores argentinos
"Juntos x el vóley".**

"*Yo me propongo que el jugador sepa tanto de vóley como sé yo. Ese es el objetivo. No que haga lo que yo digo, sino que sepa del deporte. Le dedico tiempo explicando, que tome iniciativas, que aprenda a estudiar los partidos. El jugador tiene que saber. Porque después, como siempre digo, en los momentos decisivos está solo en la cancha. No hay hinchada que tenga, no hay entrenador al borde (del campo) que tenga. El jugador está solo. Es como cuando va a patear un penal en el fútbol: está solo, y puede jugar en casa y le pesa porque lo tiene que meter, y juega afuera y le gritan todos. Siempre está solo. Entonces, es un poco como la misma sensación que tengo con los hijos: con los hijos uno comete muchos más errores, porque no es como los equipos que yo tuve el primer equipo en Defensores de Banfield, y menos mal que ninguno de esos chicos fue a Italia a contar los errores que tenía. Uno con un equipo comete errores, con el próximo un poco menos, con el próximo un poco menos y nadie se da mucha cuenta. Con los hijos uno comete errores y son siempre los mismos hijos, así que la factura por ahí se la pasan igual porque, aunque uno trata de corregir, ya lo hizo, no puede borrar lo que hizo*".

En *Súper deportivo radio*, **FM 97.9.**

"*Siempre es muy complicado (lograr que los jugadores comprendan el juego). La parte técnica es la más fácil. La parte técnica general, la técnica de base, con repeticiones se puede lograr. Pero la técnica aplicada al juego, cuando tenés al adversario, la si-*

tuación te cambia constantemente y tenés que interpretar, ahí es donde viene el problema. No sé cómo habrá sido en el básquet, pero en el vóley ha habido muchos años en los que los entrenadores querían, y quieren todavía muchos, que los ejercicios salgan bien. O sea, que el entrenamiento salga bien. Eso es un tema que tengo en la cabeza desde que tuve básquet con el profesor Finger. Porque me acuerdo que él nos dijo: 'Bueno, para tirar al aro la mano va acá, el ángulo... Todo esto es muy lindo. En los tiros libres. Después, en el juego vos hacés esos ángulos y tenés una mano acá que no te deja tirar, y tenés que tirar por acá, por acá o tirarte para atrás'. Y ahí me vino la idea: entonces no hay una técnica. Esta es la técnica de base con la que yo enseño, pero después están las técnicas de juego. Porque esta es una técnica, esta es otra técnica y esta es otra técnica. Al plantear eso, se corre el riesgo de que el entrenamiento venga peor. Que el entrenamiento salga feo, pero que esté siempre el problema de interpretar una situación del juego, elaborar una solución y hacerla bien. Entonces, si yo siempre tengo que interpretar y no son situaciones simples analíticas, a veces me salen mal. Pero el cerebro del jugador está constantemente recibiendo información, elaborando soluciones. Además, creo que hay otro factor, que es el poder. Si yo dirijo todo el entrenamiento paso por paso, tengo el poder absoluto. Si creo situaciones en las cuales ustedes tienen que resolver y yo les doy indicaciones, pero ustedes tienen que resolver, mi poder es relativo".

En *Entrenadores*, **DeporTV.**

"*El conocimiento del juego (es mi punto más fuerte como técnico). Ya (Jorge) Taboada, que fue mi primer entrenador, conocía mucho el juego y me dio la impronta. Tuve una muy buena escuela, y después estudié mucho y me desarrollé*".

En *El Gráfico*.

"*Yo creo mucho en los conocimientos específicos. Yo creo que el carisma de una persona está en la medida en que conoce mucho de lo que habla. Si no conoce mucho de lo que habla, el carisma se pierde en un minuto. Por lo tanto, yo creo que los entrenadores de fútbol tienen que ser gente del fútbol; los entrenadores de vóley, del vóley, y así*".

En *Basta de todo*, **Radio Metro.**

"*No hablo de porcentajes (de cuánto debe saber un entrenador del deporte y cuánto de gestión de grupos), sino de cronología: primero tiene que saber del juego. Si no sabés del juego, no vas a ningún lado por más que seas el mejor 'manejador' de grupos. Después, no siempre el técnico es un líder fuerte. Puede delegar, hacerlo en conjunto con jugadores, con colaboradores, con su segundo, con un dirigente. Una de las causas de por qué, para mí, no hay tantos entrenadores para equipos grandes en el fútbol es porque se les piden demasiadas cosas. O sea, porque no se trabaja en equipo: tiene que saber hacer todo".*

En *El Gráfico*.

"Fue una cosa pintoresca (que Silvio Berlusconi me mencionara como candidato a dirigir al Milan). Lo dijo en una conferencia de prensa en medio de la campaña electoral. Fue terrible, porque yo estaba preparando los Juegos Olímpicos de Barcelona. Le preguntaron si era cierto que había pensado en Velasco y respondió: 'Sí, metiéndole dos exjugadores al lado'. Porque él cree mucho en el tema de conducción, que el que puede conducir algo puede conducir otra cosa. Bueno, es la historia también de él. Yo no creo en eso: yo creo que hay que saber mucho de lo que uno hace. No creo en los carismas generales: creo que el carisma existe cuando uno sabe mucho de lo que habla. Si no, el carisma no existe. Obviamente, me llamaron todos los periodistas y dije: 'No, me parece que no es una cosa que tenga mucho sentido. Yo de lo que sé es de vóley'".

En *Siempre es hoy*, **Radio Del Plata.**

“No (podría ser entrenador de fútbol), porque no sé tanto de fútbol y para ser técnico de un deporte, hay que saber mucho de ese deporte. Lo primero que hacen los jugadores con un entrenador es evaluarlo: rascan para sacarle la pintura. Si encuentran madera buena no rascan más, pero si es madera trucha lo matan. Una cosa es hablar de conceptos en general. A cualquier persona inteligente le doy diez libros y dos cursos de vóley y puede hablar, en general, como un buen entrenador de vóley. Pero en lo concreto, ves a un jugador y le tenés que marcar cosas puntuales y dar soluciones. Y para eso tenés que saber”.

En *El Gráfico.*

“En el vóley tenemos la suerte de tener a los jugadores (en la selección) cinco meses, y muchas veces seis. Entonces, es otra cosa completamente distinta (a lo que pasa en el fútbol). ¿Cómo se le puede pedir a un técnico de una selección de fútbol que resuelva algo en cuatro días? Es una cosa absurda, absolutamente absurda. Entonces, se le piden cuentas como si fuera culpa de él que no resolvió los problemas de un equipo en cuatro días. Si uno a un técnico de un club le dice que tiene cuatro días para preparar el partido, responde: ‘No, pero ni loco. ¿Cómo cuatro días? Necesito dos meses antes de que empiece el campeonato’. Para el técnico de una selección es como una cosa mística, ¿no? Yo lo considero un trabajo insalubre, la verdad. Ser técnico de una selección de fútbol es insalubre. Pero bue-

no, también es emocionante. En realidad, al técnico de la selección de fútbol solo se lo puede juzgar después de un Mundial, que al menos tiene a los jugadores un mes o un mes y medio. Por lo menos los tiene un mes. Pero ahora, con clasificaciones y demás…".

En Radio Brisas.

"Yo creo que para soportar la presión del fútbol hay que tener anticuerpos que se forman desde cuando uno juega al fútbol. Después hay casos excepcionales como (José) Mourinho o (Arrigo) Sacchi, que no jugaron a nivel de estrés y lo soportan. Pero es difícil. Yo admiro mucho a los entrenadores de fútbol desde ese punto de vista. Es muy duro. Y ser entrenador de la selección (argentina) es un trabajo insalubre en mi opinión. Porque además no tiene a los jugadores. Los entrenadores de la selección no tienen a los jugadores y la gente les pide todo sin que tengan los jugadores. Después, es cierto lo que dicen de que todos no tienen los jugadores, por lo que no es (una) justificación para perder con otro. Pero es difícil para un entrenador. Lo que pasa es que, claro, ser entrenador de la selección de tu propio país es el máximo para cualquier entrenador y todos quieren hacerlo. Pero es difícil.

"En el vóley, nosotros tenemos a los jugadores por un período largo. Podemos desarrollar un equipo, podemos equivocarnos y corregir, tenemos tiempo. Los del fútbol no lo tienen".

En el vóley, nosotros tenemos a los jugadores por un período largo. Podemos desarrollar un equipo, podemos equivocarnos y corregir. Tenemos tiempo. Los del fútbol no lo tienen. Entonces, es muy diferente. No es solamente que el deporte es diferente, sino que el tiempo que nosotros tenemos y ellos no tienen también es diferente. Yo no sé si me hubiera bancado ese trabajo, no sé. Pero el primer lugar en el que hay que bancárselo es cuando uno juega. Yo jugaba al fútbol y dejé de jugar porque no me gustaban mucho ciertas cosas que veía a mi alrededor. Después, igual, también miraba que no iba a llegar. O sea, los que llegan en el fútbol es... Hay una selección monstruosa. Hay pibes de 16 años que parecen fenómenos y después se pierden y no se sabe dónde están. Los que llegan y después se transforman en entrenadores tienen anticuerpos. Por eso, si a mí me vieran hoy en el fútbol no los tendría. Absolutamente. Me enfermaría enseguida, porque no tengo los anticuerpos como para una enfermedad. Y ellos los tienen".

En una conferencia de prensa en medio de una serie amistosa ante Cuba antes del Mundial 2018.

"El fútbol es muy difícil desde todo punto de vista. En cada país es difícil por un motivo diferente. Aparte de tener todos los problemas que tiene el fútbol en todo el mundo, que no es una relación entrenador-jugador y nada más, acá están los hinchas, está la prensa, están los sponsors, están los mánagers de los jugadores, está la dirigencia. Un entrenador de fútbol

tiene que manejar una cantidad de variables que por suerte nosotros no tenemos que manejar. Es mucho más difícil ser entrenador de fútbol, sobre esto no hay duda. Pero también se agrega este mecanismo de la venta, digamos, aunque es una palabra fea para hablar de la venta de una persona. Se da el paso o el cambio del contrato de jugadores de Argentina al exterior, porque los clubes necesitan recibir ese dinero de afuera para seguir sobreviviendo y haciendo proyectos. Entonces, cambia constantemente. Un entrenador de fútbol tiene un equipo y dice 'Bueno, vamos a hacer un proyecto de dos o tres años', pero esos dos o tres años no duran. Porque, enseguida, si hay un chico con buenas condiciones no solamente se lo vende, sino que se lo vende a mercados que hasta ayer no existían, pero que dan mucha plata. Entonces, el entrenador tiene que tener en cuenta eso, que tiene que hacer programas de un año porque después, al otro año, de repente le faltan dos o tres jugadores que eran decisivos en su equipo y a cambio de esos dos o tres jugadores, tiene dos o tres chicos que vienen de las Inferiores. Con muchas condiciones por ahí, pero obviamente no es lo mismo. Entonces, para los entrenadores de fútbol en Argentina este es un elemento más de dificultad al que tienen otros equipos".

En Radio Brisas.

"Yo creo que muchos de los entrenadores que yo conozco de primer nivel tenemos muchas cosas en común. Porque lo más importante no es el sistema de juego. Los sistemas de juego son herramientas,

como para el jugador lo es la técnica para jugar. Nosotros tenemos que hacer jugar al equipo de la mejor manera posible. Después, por si funciona este sistema o el otro, tenemos que conocer varios sistemas y usar el que corresponde. Yo estoy bastante en contra de ideologizar los modos de trabajar, que parece que fuera una ideología: yo soy de tal partido y otro es del otro partido, y todos los de mi partido son buenos y todos los del otro partido son malos. No es así. Yo cuando escucho a otros entrenadores, como es el entrenador de los Pumas, el Oveja Hernández de básquet o entrenadores italianos de básquet de los que soy amigo como (Sergio) Scariolo o (Ettore) Messina, tenemos muchas cosas en común. Después, las diferencias son normales. Ni los físicos están de acuerdo en todo. Pero hay cosas que son comunes, porque un equipo tiene problemas similares".

En *Súper deportivo radio*, **FM 97.9.**

"Es una exageración decir que hay corrientes filosóficas en el deporte. Es más, creo que hay un fenómeno de ideologización de los métodos de entrenamiento y de la forma de jugar. Quizá porque han muerto ciertos paradigmas de algunas ideologías y es como si se necesitara ideologizar otras cosas. El ser humano necesita que la religión o la ideología lo hagan sentir seguro, y decimos 'Nosotros, los que pensamos lo mismo', porque nos ayuda a combatir la soledad o la volatilidad de estar en el mundo. Entonces, en el deporte surge este fenómeno de ideologización, de 'Los que vemos el fútbol así' o 'Los que vemos el voleibol así', y sin embargo el deporte

es una cosa muy práctica. Es como 'ideologizar' la música o el arte. Los entrenadores debemos ser personas pragmáticas. Los jugadores quieren que les indiquemos el mejor modo para jugar bien".

En un perfil en *El País*.

"Yo soy muy enemigo de lo que llamo la ideologización del deporte. O sea, los entrenadores que enarbolan un modo de manejar un equipo como si fuera una vieja ideología. Todos los que la piensan como yo son buenos tipos, y todos los que piensan al contrario que yo son malos tipos. A mí me parece que no va. Para empezar, porque creo que tiene que haber respeto por el que la piensa diferente, y no amigos y enemigos. Pero, sobre todo, yo creo que el trabajo del entrenador es un trabajo muy pragmático. Muy. Porque a nosotros nos pagan, nos encargan, porque es una cuestión profesional y de dinero, para manejar un equipo. Y tenemos que manejarlo como más conviene desde el punto de vista técnico, táctico, de la gestión de grupo, de los jugadores y de todo. Después, cada uno tiene sus gustos. Como un arquitecto, que puede hacer un edificio de una manera o de otra. Pero el deporte tiene resultados.

"Yo creo que el trabajo del entrenador es pragmático. Uno se tiene que adaptar. Hay camadas, hay características, hay países. No es que uno maneja todo igual".

Sobre todo, yo creo mucho que un entrenador tiene que conocer muchas soluciones y después, en todo caso, elegir. No me gusta cuando un entrenador en realidad no conoce muchas, sino que eligió a priori. Eligió antes una idea y dice: 'Esta es la mía y las demás no me gustan'. Y si uno le pregunta por esas que no le gustan no sabe mucho. Entonces quiere decir que no eligió sabiendo, sino que tomó una posición porque era la que conocía. Después, bueno, uno elige jugar de una manera, elige jugar de la otra y no es un problema. Además, no somos iguales independientemente del grupo que dirigimos. Uno se tiene que adaptar. Hay camadas, hay características, hay países. No es que uno maneja todo igual. También las cosas van cambiando dentro del juego. Pero aun mismo dentro de la cosa que cambia menos, que es el manejo de grupo, también cambia muchísimo de un grupo a otro. No es lo mismo un club chico que un club grande. No es lo mismo una selección que un club. No es lo mismo (dirigir) en Argentina que en Europa".

En *Basta de todo*, **Radio Metro.**

"En nuestro grupo de trabajo nunca hemos criticado, ni en la intimidad, a otro entrenador. Ni cómo trabaja en un club ni cómo trabaja en una selección. ¿Por qué? Por un motivo muy simple: porque cada entrenador tiene el derecho y el deber de trabajar como quiera. La única obligación que tiene es trabajar mucho y tratar de trabajar bien. Pero en el cómo (hacerlo) cada uno tiene su método, su modo de ver las cosas. Entonces, nunca hemos hecho ese tipo de *críticas. Y eso hace a la idea de que nosotros somos parte de un proceso y que el proceso sigue".*

En la conferencia de prensa de despedida de la selección argentina.

"Yo soy duro y muy exigente con lo nuestro. Por el nivel general de exigencia en el país quizás a ese tipo de entrenador, entre los que también podrían estar Bielsa, Retegui o el Oveja Hernández, se nos tilda de súper exigentes, y es lo normal en realidad. Acá, un médico escribe con faltas de ortografía y te dicen: 'Pero es un buen médico'. Y no, no puede ser que un médico escriba con faltas de ortografía. Hay exigencias del deporte de alto rendimiento que son normales y acá se viven como tremendas. Tengo fama de ser durísimo y no es así: es solo la exigencia del alto nivel".

En *El Gráfico.*

"A mí me dicen muchas veces, como seguramente te dicen a vos (Sergio Hernández) y a todos los entrenadores de selección que hemos llegado a un cierto nivel, 'Eh, pero vos tenés otra cabeza'. Yo siempre respondo lo mismo: 'Yo siempre he trabajado mucho'. Ese es el primer legado que quisiera dejar: hay

que laburar. La segunda cosa es que hay que saber de lo que uno habla. El carisma, todas esas cosas de las que se habla... La columna sobre la que se apoya el carisma es que uno sabe mucho de lo que habla. Después vienen la personalidad, el carácter y todas cosas que completan, pero hay que saber. Y para saber hay que abrirse. No hay que cerrarse en la verdad y decir: 'Yo gané con esto, entonces esta es la verdad'. Hay que abrir el juego, porque ese es un mensaje a los jóvenes también. Todos me dicen que baje línea a toda la Federación, pero yo no quiero. No es que no quiero por modestia. Yo creo que el modo en el que lo hago yo es el mejor, para decirlo claro. Porque si no, no lo haría y haría otro.

> **"La columna sobre la que se apoya el carisma es que uno sabe mucho de lo que habla. Después vienen la personalidad, el carácter y todas cosas que completan, pero hay que saber".**

Pero no creo en los seguidores. No creo que uno que dice 'Yo pienso todo como Velasco' sea mejor que uno que diga 'Hay un montón de cosas de Velasco de cómo entrena que no me gustan'. Por ahí este, que no está de acuerdo, es mejor que el otro. Por ahí ese, que está de acuerdo en todo conmigo, es malo como entrenador y está solamente de acuerdo. Entonces, no hay que crear esta cosa de los seguidores. Es como en la cultura: hay que crear muchas cosas diferentes en el deporte. Yo no quiero una línea en el vóley: yo quiero que haya muchas líneas, pero que haya muchos buenos entrenadores, que haya muchos buenos jugadores. No importa que tengan diferencias. No le van a enseñar a pegarle a la red: le van a enseñar a jugar bien al vóley con ideas distintas. Si Argentina, y esto lo traté de hacer también en Italia y en parte lo logré, consigue cambiar eso y no hablar mal del otro porque yo tengo la verdad, yo creo que sería bueno para el vóley argentino. Muy bueno".

En *Entrenadores*, **DeporTV.**

"Creo mucho en la organización de un buen staff. Hay técnicos excelentes que no manejan todo. El problema es que acá se les pide a los jugadores que trabajen en equipo, pero después no se aplica entre los entrenadores".

En *El Gráfico.*

"Una cosa que yo siempre subrayo es la apertura que hay, al menos en el deporte, en Argentina. Entre los profesores y los entrenadores siempre hay hambre por aprender, por discutir, por quedarse de sobremesa discutiendo, etc. Que yo creo que son los lugares en los que se aprende más. Yo no voy a decir qué es lo que hay que hacer, porque creo que estos temas son muy complejos y además creo que no hay una sola manera de hacer las cosas. No solamente por las condiciones en las cuales tenemos que

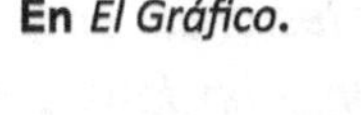

trabajar, sino por las ideas, que hay muchas que pueden ser válidas. Lo importante es que funcionen".

En una charla con docentes de "Cátedras de Vóley en profesorados de Educación Física".

"Eran verdad esas charlas (con Julio Lamas y León Najnudel, entre otros entrenadores de distintos deportes), cerrábamos bares. Yo creo que mucha gente tenía y tiene pasión. Cuando yo oigo hablar de profesionalidad, eso es un aspecto. No es suficiente ser un buen profesional: en este trabajo hay que tener pasión. Como en tantos otros, que creo que los grandes periodistas son los que tienen pasión y no trabajan solamente por el sueldo. Es la pasión. Estos entrenadores de básquet tenían pasión por el básquet y yo la tenía por el vóley. Hablábamos entre nosotros, hablábamos con Carlos Griguol en Ferro y hablábamos con entrenadores de vóley y les dábamos vueltas a las cosas. Yo cuando veo entrenadores jóvenes que terminan de entrenar y enseguida se van, porque siempre tienen algo más importante que hacer, pienso qué les falta, ¿no? Hay veces que está la familia, que tampoco tiene que ser un loco furioso que no hace otra cosa. Pero lo fundamental es la pasión que uno tiene.

"Cuando yo oigo hablar de profesionalidad, eso es un aspecto. No es suficiente ser un buen profesional: en este trabajo hay que tener pasión".

Yo siempre pongo el ejemplo de los músicos: ellos ganan 2,50, pero siempre están probando durante horas y tocan en donde sea con tal de hacerlo al público. Porque ¿quién puede pretender vivir de la música? Vive uno de un millón de la música, los demás tienen otro trabajo. Bueno, nosotros vivimos del deporte. Ya es un lujo eso, pero tenemos que tener esa pasión de mejorar, de aprender, de intercambiar ideas. No podemos pensar que nosotros tenemos la verdad: tenemos que intercambiar ideas con todos. Con gente de otros deportes también. Y en esa época, que fue una época de oro desde ese punto de vista, yo tuve el privilegio de trabajar en Ferro cuando Ferro era un lugar donde la gente se encontraba, y venían entrenadores de otros clubes a cenar a la confitería del club y a hablar de vóley y hablar de deporte. Yo tengo ese recuerdo extraordinario, sobre todo de un León Najnudel que en esa época se debatía por crear la Liga Nacional de Básquet, que todavía no existía, y hablaba todo el tiempo de eso. Un día vino a buscarme a Hugo Conte al gimnasio, al tercer piso, porque lo quería llevar a jugar al básquet. Hugo Conte jugó al básquet de chico, y yo le dije: 'León, está en la selección nacional de vóley'.

"Yo creo que la pasión es un factor imprescindible para hacer este trabajo. Por supuesto que hay que estudiar, hay que ser buen profesional y hay que ser otras cosas, pero la base es la pasión".

Él tenía tanta pasión que me quería convencer de que se lo diera dos veces por semana para jugar al básquet. Es esa cosa que tienen los grandes, que es la misma que yo sentí cuando lo conocí a Pep Guardiola o que tienen tantos entrenadores de fútbol que hablan de fútbol de la mañana hasta la noche. Yo

creo que ese es un factor imprescindible para hacer este trabajo. Por supuesto que hay que estudiar, hay que ser buen profesional y hay que ser otras cosas, pero la base es la pasión. Y esa pasión nos hacía cerrar bares, porque nos echaban y nos decían 'Hay un bar que cierra más tarde', y seguíamos hablando y al día siguiente dormíamos tres horas. No lo hacíamos dos días seguidos porque no nos daba el cuero, pero un día por medio lo hacíamos".

En *DXTV Noticias*, **DeporTV.**

"Estamos todos de acuerdo en que hay que entrenar mucho. Y las condiciones de entrenamiento (importan), que no tenemos por ahí las que tiene Estados Unidos o las que tiene Italia. Yo este año fui a Estados Unidos. Porque hace años, 27 exactamente, que estudio profundamente el vóley americano. Pero nunca había ido. Había ido a competir y escuchaba cosas que me contaban amigos o entrenadores italianos de Estados Unidos. Y en Italia también está ese mito de que siempre lo de afuera es mejor, que por algo somos sobrinos o nietos de los italianos. 'No, porque ellos tienen un gimnasio con 20 o 25 canchas de vóley. Maravilloso. Extraordinario', dicen. Yo fui, primero a la universidad y después a hablar con el entrenador del equipo femenino, a comer y después ver un entrenamiento. Sí, tienen un galpón enorme con 25 campos. Pero ¿saben cuándo entrena la selección femenina americana campeona del mundo por primera vez en la historia? De ocho de la mañana a 10.30. Después, toman algo en el bar que hay ahí, que es el descanso, y hacen pesas. Enton-

ces yo pregunté: 'Pero ¿por qué se entrenan a las ocho de la mañana?'. 'Porque no tenemos aire acondicionado', me respondió. En California y en verano, así que a las 10.30 hace un calor impresionante. ¿Y dónde viven las jugadoras? 'Ah, es Estados Unidos. Deben vivir todas alrededor', se piensa. No. Porque el equipo americano entrenaba en Colorado Springs, en la sede olímpica, pero los jugadores y las jugadoras pidieron entrenarse en California porque todos viven por ahí. Y cada uno vive en un pueblo. Algunos (están) en el mismo, pero cada uno está a una hora, 40 minutos o una hora y media. Y viajan todos los días. Ese equipo es campeón del mundo. Ahora, ¿es campeón del mundo porque es la primera potencia del mundo, o es campeón del mundo porque en lugar de llorar lo que no tiene encontró una solución a lo que tiene? Porque esta es una vieja historia, que yo empecé a conocer en la Olimpíada del '84: Estados Unidos se preparó para esos Juegos Olímpicos, que ganó, entrenándose de ocho a 12. ¿Por qué de ocho a 12 y no en doble turno? Porque a la tarde trabajaban o estudiaban en la universidad, entonces hicieron lo que podían. Entonces, yo creo que no tenemos que mirar siempre lo que no tenemos. Que hay muchas cosas que no tenemos, pero sí hay muchas cosas que sí tenemos. Y con las que tenemos podemos hacer grandes cosas".

**En el simposio de entrenadores argentinos
"Juntos x el vóley".**

"Lo volví a ver (el partido con Brasil en cuartos de final de los Juegos Olímpicos Río 2016), sobre todo

para ver por qué perdimos. Lo estudié también estadísticamente. Siempre reviso los partidos, sobre todo los que perdemos, para ver si podía haber hecho algo mejor, si podía haber hecho un cambio o algo mejor de lo que hice. Para aprender siempre. Me enseñó que estuvimos cerca, pero todavía ellos tienen una diferencia que creo que se ha achicado un poco, pero que todavía está. Que ellos estaban muy nerviosos al principio del partido. Claro, si ellos perdían en cuartos de final en los Juegos Olímpicos en casa y encima contra Argentina, era algo nacional, que el vóley es muy popular en Brasil. Y que nosotros tuvimos algunos errores. Pocos, pero algunos errores fueron decisivos, sobre todo en el saque y algunos problemas en recepción. Y, bueno, tuvimos también un poco de mala suerte, porque Facundo Conte se lesionó durante el partido. Por un lado me dio optimismo de que el equipo puede crecer, porque los errores no son errores tan difíciles de mejorar. Por otro lado, qué lástima que podríamos haber hecho un poquito más".

En *No somos nadie*, **Radio Metro.**

"Del partido con Brasil (en la final de los Juegos Panamericanos Toronto 2015) me acuerdo que se había puesto muy mal porque Brasil estaba jugando mejor que nosotros, que no le encontrábamos la vuelta. Yo creo que ellos creían que ya estaba ganado, estaban jugando con un poco de suficiencia en el cuarto set. Y, bueno, ahí probé dos cambios, que a veces los entrenadores hacemos cambios y cuando salen bien todos creen que somos genios,

y cuando salen mal... Porque uno no está seguro de que funcionen, pero lo que un entrenador tiene que hacer es no darse por vencido. Y tiene 14 jugadores, jugadores que entrenan siempre. Probé con (Maximiliano) Gauna, con (Luciano) Zornetta y con (Martín) Ramos, que fueron tres jugadores fundamentales en el cambio de ese partido. Nos entraron dos pelotas difíciles, los pusimos en dificultad con el saque, ellos se pusieron nerviosos y ahí, cuando les ganamos el cuarto set, creo que Brasil ya estaba muy mal anímicamente. Y el tie-break estuvo fácil para nosotros".

En *DXTV Noticias,* **DeporTV.**

"Hay muchas diferencias (entre dirigir hombres y mujeres), sea en el juego, sea en el modo de entrenar, sea en cómo manejar el grupo. Las mujeres son diferentes a los hombres, y los hombres a veces cometemos el error de pretender que sean varones. O sea, somos nosotros los que entrenamos a las mujeres y tenemos que adaptarnos, que entender. No digo entender a fondo, porque ni las mujeres nos entienden a fondo a los hombres ni los hombres a las mujeres, pero sí entender cómo funcionan. Funcionan en un modo muy diferente a los hombres. El desafío, por ejemplo, en el hombre funciona muy bien, pero en la mujer funcionan otras cosas. Entonces, yo creo mucho que es necesario especializarse y estudiar el tema femenino para entrenar a las mujeres. Y, sobre todo, el error que veo mucho, en muchos lados, cuando se entrenan equipo de chicas, en especial en jovencitas, es la agresividad de los

varones, de los entrenadores: les gritan, cuando la mujer más que el varón no quiere equivocarse. La mujer odia equivocarse: si se equivoca no es porque no lo toma en serio, sino porque le salió mal o porque no puede. Entonces, enojarse, gritar y alzar la voz es lo peor que se puede hacer".

En el canal de YouTube de Ferro Carril Oeste.

"Sobre todo en las nenas (hay que establecer un sistema táctico). Aunque las nenas están cambiando muchísimo, porque las de hoy no son como eran mis hijas cuando eran nenas y menos como era mi mamá. Pero, de todos modos, las mujeres en general, por ahora, todavía tienen una relación con el error que es peor que el varón. O sea, al varón le gusta probar una cosa difícil y, aunque se equivoque diez veces, no le importa nada con tal de que le salga una vez. Le digo a un varón de ir a jugar al vóley y ¿qué es lo primero que hace un varón? Sacar en salto. Lo primero que hace es sacar en salto porque lo vio en televisión. El vóley tardó 50 años para sacar en salto, pero él lo quiere hacer en el primer día que llega. El varón es así. Si le damos la pelota, prueba, prueba y le entra una, se siente Messi porque le salió. Las chicas odian equivocarse, no quieren equivocarse. Por lo tanto, muchas veces no hacen ciertas cosas por el miedo de equivocarse. Pero esto también es útil desde el punto de vista pedagógico, ¿no? Tenemos que incentivar a las chicas a equivocarse. Decirles: 'No te preocupes, probá. Probá'. Porque nosotros tenemos que hacernos una pregunta: ¿por qué los chicos aprenden tan fácil a usar el celular? Todos,

todos, tenemos un hijo o un sobrino del cual decimos: 'No, es un monstruo. Le dejé el iPad ahí, tiene tres años y lo aprendió a usar'. Siempre se tiene a alguien así. ¿Cómo es que hacen? ¿Por qué aprenden tan rápido? ¿Por qué no aprenden tan rápido otras cosas? Porque cuando un chico prueba cómo funciona el teléfono, que ni lee las instrucciones, él prueba, y si no va quiere decir que se equivocó. Entonces, prueba de otra manera. Nosotros también aprendemos así. Ahora, ¿qué ocurre en la escuela, o con el papá y la mamá? ¿Por qué no aprenden igual? Si hacen una cosa y hacen una macana, no deberían hacerla más. Como el teléfono: así no va. Pero ahí hay otras personas, entonces la relación de emoción cambia todo. De repente, la mamá se enojó porque venía cansada y el chico se defiende. Y con un profesor o el entrenador es lo mismo, que dice: 'No, la tiene conmigo'. Nosotros tenemos que estipular el feedback. O sea, si se hace mal algo y hay un error, digamos: 'No hay problema, el error es parte del aprendizaje. Probá de nuevo. Probá así'. El espíritu no es porque somos buenos, sino porque es lo que ayuda a aprender".

En una charla con docentes de "Cátedras de Vóley en profesorados de Educación Física".

"Una vez que hablamos, Guardiola me dijo: 'Yo he visto que has cambiado después de haber ganado. ¿Qué pensás?'. Le respondí: 'Mirá, es muy difícil. Hay que ver la situación en particular'. En términos generales, hay una frase en italiano que se usa mucho que es 'Squadra che vince non si cambia'

(Equipo que gana no se toca). Entonces, si la lógica no es una opinión, tengo que esperar a perder. Sería esperar a perder para tener consenso en el cambio. Por eso, yo cambio esa frase por: 'Equipo que gana no se cambia demasiado'. Se retoca. Hay jugadores que hay que cambiar cuando inician la curva descendente, no cuando llegaron abajo. El problema en deportes más populares como el fútbol, porque es fácil para un entrenador de vóley, es que si un entrenador toca a un jugador que fue una gloria cuando hizo los primeros 100 metros de bajada y lo cambia, se lo comen vivo. No hay cultura deportiva que haga entender que ese jugador ya está en un período descendente, que si uno quiere volver a ganar tiene que, por ahí, cambiarlo por uno que esté en un período ascendente. No, hay que esperar que ya sea un desastre, cuando se demostró que el equipo pierde, que juega mal, que todo el mundo está con el técnico, y ahí sí hay que cambiarlo. Mientras tanto, se perdieron dos o tres años. Por eso el trabajo del entrenador está muy vinculado al de la dirigencia: un entrenador no puede hacer ciertas cosas si no tiene el apoyo de la dirigencia".

En *Basta de todo*, **Radio Metro.**

"¿Qué entrenador de la selección va a decir que la Liga no es importante? 'No, la Liga es importante. El campeonato es importante', dicen. Como les digo siempre a mis colaboradores, yo miro lo que la gente hace y no lo que la gente dice. Si escuchamos lo que la gente dice, tenemos muy buenas posibilidades de equivocarnos. Si miramos lo que la gente hace, te-

nemos muchas menos. Y lo aplico para mí: ¿yo qué he hecho con la Liga? Primero, en cuatro años me vi todos, y cuando digo todos son todos, los partidos de la Liga. Por eso he visto jugadores que otros no vieron. No porque soy mejor, sino porque yo los veo. Como es el caso de Tomás López, que alguno lo vio dos partidos cuando jugó en contra. Ahora, yo, que me vi todos los partidos de López, vi que jugó una muy buena Liga y entonces lo llamé a la selección. Es muy simple. Pero hay que verlo todos los partidos: son horas, horas y horas.

"¿Yo qué he hecho con la Liga? Primero, en cuatro años me vi todos, y cuando digo todos son todos, los partidos de la Liga. Por eso he visto jugadores que otros no vieron".

Segundo, tomé una medida que fue la de que un jugador que no jugara de titular en su equipo, aunque fuera el mejor equipo del mundo en Europa, yo no lo llamaba a la selección. Yo eso no lo hice en Italia, por ejemplo, cuando entrené a la selección italiana. Y tampoco lo hice en Irán. Lo hice acá. No es un principio: es un instrumento. ¿En qué se basaba? Primero, en que sabía, conociendo muy bien Italia y Europa, que si no (ponía esa regla) iban a llamar a muchos chicos argentinos, porque cuestan poco y porque trabajan con mucho entusiasmo, para ser el cuarto central o el cuarto punta, y que no iban a jugar nunca y que ese desarrollo de entrenar y nada más no es bueno. Pero además era un modo de proteger la Liga. Porque si el jugador no se iba afuera a hacer de último suplente, se iba a quedar en Argentina e iba a jugar en Argentina. Yo prefería verlo jugar en Argentina una semifinal de campeonato o Copa ACLAV, o lo que sea, y ver cómo respondía en los momentos difíciles.

"Segundo, tomé una medida que fue la de que un jugador que no jugara de titular en su equipo, aunque fuera el mejor equipo del mundo en Europa, yo no lo llamaba a la selección. El nivel de exigencia de afuera más alto es para el que juega, no para el que hace banco".

Porque partía de la base, yo que estuve tantos años en Italia, de que los entrenadores argentinos les iban a enseñar bien a jugar al vóley y de que no es que para saber jugar al vóley hay que irse necesariamente afuera. Lo que sí tiene la competencia (de) afuera es que es de un nivel de exigencia más alta. Pero ese nivel de exigencia más alto es para el que juega, no para el que hace banco. Entre uno que juega acá y otro que va allá y no juega, el nivel de exigencia más alto es el del que juega acá. Estos fueron los motivos que hicieron que ninguno se fuera, excepto para ir a jugar. Y el caso de (Ezequiel) Palacios, que tuvo la mala suerte de que lo llamaron para jugar y después resulta que era mentira, porque así fue, bueno, yo no puedo cambiar la regla porque en este caso es injusta y él no fue convocado el año pasado. Este año, sí. Ese es un aporte concreto, digamos, al desarrollo de la Liga".

En la conferencia de prensa de despedida
de la selección argentina.

"Ahora es un tema en el que no me pongo (pensar en ser dirigente), porque todavía estoy pensando

como entrenador. Yo creo que ser entrenador tiene un gran privilegio, un grandísimo privilegio, que es trabajar con jóvenes. Estar todo el día con jóvenes, que tienen un empuje, una vitalidad y una alegría que se contagian. Pero, bueno, antes o después voy a tener que pensar en otra cosa, porque el físico después va pidiendo tregua. Pero al trabajar como directivo el problema es cuando la cosa se hace muy política. En el sentido de que yo estoy muy acostumbrado a buscar siempre lo que es mejor, lo que es más eficiente, y no lo que es más políticamente correcto, digamos. No sé si podría hacer un trabajo así. No sé si sería capaz. Quizá los técnicos de experiencia podríamos servir también como consejeros. Pero la política tiene sus reglas. No es que es sucia o limpia: la política es una actividad particular que hay que saber hacer. Creo que la tiene que hacer gente que la sepa hacer. Pero también es bueno que los políticos se apoyen, por lo menos para informarse y saber qué cosa decidir, en técnicos que conozcan bien la materia. Eso sí".

En *Siempre es hoy*, **Radio Del Plata.**

"Hay veces que en los cursos de coaching está muy de moda decir: 'Si querés, podés'. Yo siempre digo que eso lo inventaron las multinacionales para mostrarle a la gente el trabajo de dos (personas) y decirle que si no puede es porque no quiere. Más o menos en broma lo digo. En el sentido de que lo que uno quiere está muy vinculado a lo que uno puede y lo que uno puede, a lo que uno quiere. Lo que los entrenadores tenemos que tratar de hacer es que

*los jugadores puedan (hacer) más fácilmente algo,
entonces van a querer hacerlo".*

En Radio Brisas.

---

*"En nuestro trabajo el ego es importante: sin un ego
fuerte es difícil liderar en cualquier tipo de actividad.
El asunto es que el ego no se transforme en arro-
gancia, que el ego sea tan grande que no te permita
ver la realidad. Ese ego es dañino, sobre todo para
el que lo tiene".*

En *El Gráfico.*

AGRADECIMIENTOS

Principalmente, a Mauro Medvetkin y a LIBROFUTBOL.com por la confianza. A mi familia, por apoyarme y tenerme paciencia mientras pasaba horas escuchando y desgrabando entrevistas o charlas. Y a Julio Velasco, por sus enriquecedoras reflexiones.

FUENTES

- *Entrevista en Radio Del Plata; febrero 2014.*
- *Entrevista en DXTV Noticias, DeporTV; septiembre 2014.*
- *Entrevista en Basta de todo, Radio Metro; noviembre 2014.*
- *Charla en DeporTEA; mayo 2015.*
- *Entrevista en Siempre es hoy, Radio Del Plata; julio 2015.*
- *Charla en el simposio de entrenadores argentinos de vóley "Juntos x el vóley"; agosto 2015.*
- *Entrevista en LA NACIÓN; agosto 2015.*
- *Entrevista en DXTV Noticias, DeporTV; octubre 2015.*
- *Entrevista pospartido en TyC Sports durante los Juegos Olímpicos Río 2016; agosto 2016.*
- *Entrevista en No somos nadie, Radio Metro; noviembre 2016.*
- *Entrevista en Radio Brisas; abril 2017.*
- *Entrevista en La llave del gol, FOX Sports; mayo 2017.*
- *Entrevista en Argentina dorada; mayo 2017.*
- *Conferencia de prensa antes de una capacitación en el Club Universitario de La Plata; mayo 2017.*
- *Conferencia de prensa antes de una etapa de la World League en Córdoba; junio 2017.*
- *Entrevista en El Gráfico; octubre 2017.*
- *Perfil en El País; noviembre 2017.*
- *Entrevista en Animales sueltos, América; marzo 2018.*
- *Entrevista en 99% La disciplina del éxito, LA NACIÓN; julio 2018.*
- *Conferencia de prensa en medio de una serie amistosa ante Cuba antes del Mundial 2018; julio 2018.*
- *Entrevista en Estudio Fútbol, TyC Sports; agosto 2018.*
- *Entrevista en el canal de YouTube de Ferro Carril Oeste; agosto 2018.*
- *Entrevista pospartido en TyC Sports después de un amistoso preparativo para el Mundial 2018; agosto 2018.*
- *Conferencia de prensa de despedida de la selección argentina; agosto 2018.*
- *Entrevista en Entrenadores, DeporTV; septiembre 2018.*
- *Carta cuando se retiró como entrenador; mayo 2019.*

· *Entrevista en Súper deportivo radio, FM 97.9; abril 2020.*

· *Entrevista en Arqueros, Ilusionistas y Goleadores, Club Octubre 94.7; abril 2020.*

· *Entrevista en Télam; junio 2021.*

· *Charla con docentes de "Cátedras de Vóley en profesorados de Educación Física"; junio 2021.*

· *Charlas en Italia.*

SOBRE EL AUTOR

Lucas Marinelli nació el 6 de marzo de 1997 en la Ciudad de Buenos Aires, Argentina. Se recibió como Técnico Superior en periodismo especializado en deportes en el Círculo de Periodistas Deportivos. En 2015 formó parte del staff de producción de De Otra Categoría, programa del ascenso argentino emitido por el canal DeporTV. Desde noviembre de 2016 hasta abril de 2018 trabajó en la sección polideportivo del diario Olé. Con LIBROFUTBOL.com, en 2017 publicó La estrategia de Almeyda.

Además, estuvo en diferentes eventos internacionales. En los Juegos Olímpicos de la juventud Buenos Aires 2018 (de verano) y Lausanne 2020 (de invierno) fue parte del programa Young Reporters del Comité Olímpico Internacional. En 2019 cubrió los Juegos Panamericanos de Lima para el Comité Olímpico Argentino. En 2021 integró el equipo del Olympic Information Service en los postergados Juegos Olímpicos Tokyo 2020.